뭘 해도 잘되는 사람의

모닝 루틴

뭘 해도 잘되는 사람의
모닝 루틴
내 인생을 바꾸는 좋은 아침 습관

이시카와 가즈오 지음 | 김슬기 옮김

다른
상상

'당신에게 주어진 유일한 시간!'

만약 30분이라는 시간을 온전히 자유롭게 쓸 수 있다면 어디에 쓰고 싶나요?

- 스펙을 쌓기 위해 자기계발서를 읽고 싶다!
- 자격증 공부를 하고 싶다!
- 유학을 가기 위해 영어를 공부하고 싶다!
- 좋아하는 추리소설을 실컷 읽고 싶다!
- 건강을 위해 운동하고 싶다!
- 읽다 만 책들을 마저 읽고 싶다!
- 방 청소를 하고 싶다!

• 미뤄 두었던 일을 끝내고 싶다!

업무나 일과에 쫓기지 않고 시간을 자유롭게 쓸 수 있다는 생각만으로도 참 많은 것이 떠오르죠. 그런데 하루는 24시간입니다. 스티브 잡스에게만 하루가 48시간이었을 리도 없습니다. 당신이 길을 가다 쓰레기를 주웠다고 해서 보너스로 하루가 30분 더 늘어나는 것도 아니고, 반대로 쓰레기를 버렸다고 해서 벌로 하루가 30분 줄어들지도 않습니다.

하루 24시간은 모든 인류, 아니 모든 생물에게 평등하게 주어지는 것이죠.

주어진 시간은 분명히 평등한데 꿈을 실현하지 못한 채 시간만 흘려보내는 사람이 있는가 하면 착착 결과를 내서 목표를 이루고, 스펙을 늘리고, 커리어를 쌓아 꿈을 실현하는 행복한 삶을 사는 사람도 있습니다. 이 차이는 도대체 어디에서 오는 걸까요?

비즈니스에 몸담고 있는 우리 직장인들에게 유일하게 주어지는 시간, 바로 '아침 시간'을 어떻게 활용하는지에 달려 있습니다.

"응? 아침에 일찍 일어나라는 말인가? 굳이 일찍 일어날 필요 없이 몇 시에 일어나도 시간을 융통성 있게 잘 쓰면 되는 것 아닌가?"

만일 이런 의문이 들었다면 당신은 '아침 시간'이 갖는 말도 안 되는 힘을 아직 눈치채지 못한 것입니다. 일단, 평소보다 30분 일찍 일어나서 이 시간을 당신의 꿈이나 목표를 실현하는 데에만 사용해 보세요.

단언합니다!

아침 시간을 다스리면 무엇이든 잘 풀립니다!

자기소개가 늦었습니다. 이시카와 가즈오라고 합니다. 저는 현재 다섯 가지 일을 하고 있습니다. 건설 회사 총무, 세미나 강사, 회계사, 시간 관리 컨설턴트, 작가. 이렇게 다섯 가지 일을 하는 저에게 지인들은 이렇게 묻습니다.

"그럴 시간이 있어?"

"잠을 거의 못 자겠네?"

"놀 시간은 거의 없는 것 아냐?"

그런 예상과 달리 저는 일을 마친 후에 친구와 술잔을

기울이거나 가족과 즐거운 시간을 보내고, 휴일에는 좋아하는 영화나 드라마를 감상하며 시간을 보냅니다.

앞서 소개한 지인들은 제가 일하는 모습과 성과를 보고 '시간에 쫓기며 바지런하게 일하는 게 틀림없다'고 생각했을 것입니다. 하지만 저는 다섯 가지 일을 해내면서도 전혀 시간에 쫓기지 않습니다.

도대체 어떻게? 그건 제가 우리 직장인에게 주어지는 유일한 시간, 즉 '아침 시간'을 잘 활용하고 있기 때문입니다. 저 또한 직장인이기 때문에 월요일부터 금요일까지는 8시 반까지 회사에 나가야 합니다. 저는 출근 전 아침 시간을 효과적으로 활용한 '모닝 루틴'을 통해 저의 꿈과 목표를 실현해 왔습니다. 그중 일부를 소개하면 다음과 같습니다.

- 회계사 시험 합격
- 매달 두 편의 비즈니스 기사 연재
- 세미나 콘텐츠 만들기
- 창립 이래 최단 기록, 이직 후 1년 만에 과장으로 승진
- 공인중개사 시험 독학으로 합격
- 연간 200권 독서

• 매년 1권의 페이스로 총 8권의 자기계발서 집필

어떤가요? 이처럼 저는 아침 시간을 활용해서 각종 자격 시험 공부부터 커리어와 스펙 쌓기, 이직한 회사에서 번뜩이는 아이디어 제안하기, 개업 준비 등 모든 목표를 실현해 왔습니다.

아침 시간을 잘 활용하면 인간은 말도 안 되는 힘을 발휘합니다. 예를 들어, 같은 30분이라도 아침 시간 30분은 퇴근 후 지쳐 있을 때의 30분과 비교가 안 됩니다. 그야말로 하루 중 가장 빛나는 '골든타임'인 것이죠.

20대 후반, 저는 매일같이 늦은 밤까지 야근을 했습니다. 매사에 '시간이 30분만 더 있었으면' 하는 아쉬움에 한숨으로 시간을 보냈습니다. 미뤄 두었던 일을 다 마무리하지 못해 스트레스를 느꼈습니다. 마음을 굳게 먹고 스펙을 쌓기 위해 자격증 공부를 하려고 해도 퇴근 후에는 집중력이 떨어지고, 잠귀신에게 습격을 당하기 일쑤였습니다. 정신을 차리고 보면 앉은 채로 자고 있을 때도 많았습니다.

계획을 세우더라도 야근이나 회식, 친구와의 약속 때문

에 저녁에는 계획을 제대로 지키지 못해 작심삼일에 그쳐 버렸습니다. 도대체 언제, 어떻게 시간을 써야 할지 고민에 고민을 거듭했습니다. 그러다 발견한 것입니다. '아침 시간'을. 집중력이 넘치고, 가장 컨디션이 좋고, 메일이나 전화로 흐름이 끊기거나 방해를 받지 않는 아침 시간에 눈을 뜨기 전까지는 무엇 하나 달성하지 못했습니다.

매일 시간에 쫓기는 우리에게 유일하게 주어진 '꿈을 이루기 위한 시간'은 바로 '아침 시간'입니다. 이 보물 같은 시간을 활용해서 당신의 꿈을 이루고, 목표를 달성하고, 미뤄 두었던 일들을 해결하는 모닝 루틴을 만들어 보세요.

이 책에서 저는 지금까지 했던 경험을 통해 터득한 최고의 아침 시간 활용법, 뭘 해도 잘되는 모닝 루틴을 빠짐없이 전달하려 합니다. 이 책이 당신의 인생을 극적으로 바꾸는 데 도움이 되길 바랍니다.

목차

4장 최고의 모닝 루틴을 위한 초고속 시간 관리법

5장 왜 아침인가? 모닝 루틴의 절대적 이점

6장 밤 시간보다 4배 더 효율적인 아침 시간

7장 누구나 모닝 루틴에 성공할 수 있는 10가지 테크닉

매일 아침 스스로에게
이륙할 준비가 되었는지 물어야 한다.

다이앤 프롤로브

1장

뭘 해도 잘되는 비결은 '아침 시간'에 있다

1

원래부터 부지런한 사람은 없다

제가 일하면서 회계사 시험과 공인중개사 시험에 합격하고, 매년 한 권에서 두 권의 자기계발서를 집필하고 있다고 말하면 주변 사람들은 보통 이런 반응을 보입니다.

"와! 정말 부지런하시네요."
"그쪽으로 타고난 재능이 있으신가봐요."

아닙니다. 정말 아닙니다. 저는 그저 인생을 흘러가는

대로만 살던 사람이었습니다. 친구와 어울려 노는 것을 워낙 좋아해서 정신을 차려 보니 어느새 취업 마지노선에 서 있었고, 발등에 불이 떨어져서 어느 회사에든 들어가야 했습니다.

제 스펙으로는 지금이라면 100군데의 회사에 면접을 봐도 취직을 못 하겠지만, 간신히 모 중소 건설 회사의 회계 부서에 취직을 했습니다. 하지만 실력의 'ㅅ'도 없는 제가 일을 잘할 리가 없었겠죠. 매일같이 선배나 상사에게 호통을 들어야만 했습니다. 제 스스로도 구질구질하다고 여기던 나날이었습니다.

심지어 제가 들어간 회사에는 인도의 카스트제도 같은 신분 계급이 존재했습니다. 다시 말해서 사내에 서열이 존재했던 것이죠. 계급은 상위부터 다음과 같은 순서였습니다. ❶토목부 ❷건축부 ❸영업부 ❹와 ❺을 건너뛰고, ❻여성 사무직 그리고 마지막으로 남성 사무직. 저는 사내 서열 가운데 최하위층인 '남성 사무직'이었습니다. 그중에서도 '쓸모없는 녀석'이라며 늘 꾸중을 들었기 때문에 자타공인 형편없는 놈, 이른바 최하위 등급이었던 것입니다.

상위 계급인 토목, 건축, 영업 담당자들에게 "누구 덕에

먹고사는지 알지?", "사무직은 참 좋겠네. 에어컨 바람 쐬면서 일할 수 있어서" 같은 발언을 들어야만 했습니다.

상황이 이런 탓에 20대 중반까지는 매일 양복 안주머니에 사표를 품고 출근했습니다. 이대로는 출세할 가망도 없고, 선배에게 혼나기만 하고, 다른 부서 사람들에게 욕과 비아냥거림을 들어야 하는 삶이 너무나 지겨웠습니다.

'오늘은 꼭 사표를 내야지!'
'오늘은 꼭 회사에서 탈출해야지!'
'오늘은 꼭 그만두겠어!'

매일 아침 이런 생각을 하며 출근을 했습니다. 지금 생각해 보면, 아침이라는 황금 같은 시간에 나쁜 기운을 불러들이고 낭비한 것입니다. 그런 상태로 회사에 나간 후엔 막상 상사의 얼굴을 보면 사표를 낼 수 없었고, 지나치게 긴장해서 배까지 아파왔습니다.

너무 생각이 많아서 안색이 안 좋은 제게 "몸 상태가 안 좋아 보이네! 오늘은 이만 퇴근해도 좋아!"라며 평소와 다르게 뜻밖의 배려를 하는 상사. 하필이면 오늘 왜 이렇게 나한테 마음을 써 주는 건지…… 마음이 흔들렸습니다.

상사의 그 자상한 말 한마디 때문에 미움받을 용기가 없던 저는 더더욱 사표를 낼 수 없게 되었고, 불모의 나날을 어영부영 보냈습니다.

지금 돌이켜보면 참 어설프다 싶은 초년생 시절이었습니다. 현재 상황을 바꿀 수 없다는 스트레스 때문에 일이 끝나면 모든 걸 잊겠다는 마음으로 정신없이 술을 마시고 놀았습니다. 잠이 부족해서 출근 시간에 겨우 늦지 않을 때까지 잠을 잤습니다.

그런 엉망진창인 사원의 전형이었던 제게 어느 날 기회가 찾아왔습니다. 만약 그날 '그'를 목격하지 않았다면 제 인생은 지금과는 완전히 달라졌을 것입니다. 매일 아침 침대에서 겨우 몸을 일으키던 그때처럼 지금도 캄캄한 어둠 속을 헤매고 있었을지 모릅니다.

2

수수께끼 남자의 등장으로
일생일대의 결심을 하다

형편없는 회사 생활을 하던 제게 기회는 어느 날 갑자기 찾
아왔습니다.

당시에 제가 다니던 회사는 도쿄증시 1부(도요타 등의 대
기업이 상장되어 있으며, 우리나라의 코스피에 해당한다─옮긴이) 상
장기업의 자회사였습니다. 그 때문에 사장님을 비롯한 임
원진들은 모회사에서 파견을 나온 사람이거나 직원 대부
분이 공무원과 다름없는 장기근속자들이었습니다.

하루는 회사에 고급 맞춤 정장과 아주 비싸 보이는 구두를 신은 한 남자가 찾아왔습니다. 놀라운 점은 평소에는 으스대던 부장님들이 그 남자가 나타나자마자 자리에서 일어나서 인사를 하고 굽신거렸다는 것이었습니다. 그뿐만이 아니라 사장님과도 대등하게 이야기를 나누는 게 아니겠습니까! 대체 어떤 사람이길래 저렇게 할 수 있는 걸까?

나중에 알고 보니 그 남자의 정체는 바로 회사의 고문 회계사였습니다. 그동안 몇 번이나 방문했겠지만 저는 그날 처음으로 그를 목격했고 깊은 인상을 받았습니다. 부장들이 자리에서 일어나 굽신굽신하고, 사장님과도 대등하게 이야기를 나누던 그 회계사는 업무를 마친 후 고급 외제차를 타고 사라졌습니다.

저는 그 뒷모습을 보면서 이렇게 생각했습니다.

'회계사란 정말 멋지구나.'

그리고 맹세했습니다.

'회계사가 돼야지.'

마치 만화 〈원피스〉의 주인공 루피가 "나는 해적왕이 될 거야"라고 외치던 것과 비슷한 느낌으로 말입니다. 그 당시 저는 회계사가 하는 일이 제가 하던 일과 크게 다르지 않다고 생각했던 것입니다. 순진하기 짝이 없는 발상이었지만 지나고 보니 그것이 오히려 좋은 결과를 가져다줬습니다.

"좋아, 그렇다면 회계사가 되자!"

무지하고 단순한, 아니 솔직하고 단순했던 저는 그렇게 진심으로 맹세했습니다. 목표를 정한 저는 퇴근 후 혼자 살던 원룸으로 돌아가 노트에 펼쳤습니다. 그리고 '꿈'과 '바람'을 적어 내려가기 시작했습니다.

- 회계사가 되자!
- 그리운 고향으로 내려가서 회계사 사무소를 개업하자!
- 외제차를 사자!
- 운전사를 고용해서 흰 장갑은 경비로 사 주자!
- 고등학교, 대학교 학비를 지원해 주신 부모님에게 은

혜를 갚으면서 살자!

- 1층은 사무실, 2층은 주거 공간, 지하에는 당구대가 있는 바(Bar)를 만들고 카운터에 발렌타인(Ballantines), 글렌리벳(Glenlivet), 와일드 터키(Wild Turkey) 같은 버번이나 스카치를 두자!

- 일을 마친 다음에는 재즈를 들으며 지하 바에서 당구를 치자!

- 금요일 밤은 고객을 초대해서 파티를 열자!

매일매일 쓰는 동안 노트는 금세 꿈이나 희망으로 가득 찼습니다. 그리고 그렇게 '목표를 정하고' 노트에 '적어 나가는' 사이, 놀랍게도 변화가 일어나기 시작한 것입니다.

3

지금 당신이 보고 있는 세계는
'다른 세계'일지도 모른다

어느 날 회계사를 보고 회계사가 되기로 마음먹은 나.
그러자 희한한 일이 일어나기 시작했습니다.

저는 회사까지 걸어서 출근하곤 했는데, 그때부터 전에
는 보이지 않던 회계사 사무소가 눈에 들어왔습니다. '와,
이런 곳에 회계사 사무소가? 언제 생긴 걸까?' 하며 자세히
보니 간판도 낡았고, 아무래도 꽤 오래된 것 같았습니다.

제가 미처 발견하지 못했을 뿐이지 아주 오래전부터 그 자리에 있었던 것입니다.

자주 가는 DVD 대여점 2층에도, 자주 놀러가는 친구집 6층에도 회계사 사무소가 있었습니다. 그곳에는 수없이 많이 가서 분명 여러 번 봤을 텐데 전혀 인식하지 못했던 것이죠.

이와는 반대로 전에 수없이 오가던 길을 오랜만에 가봤더니 빈터가 되어 있거나 공사가 시작된 현장을 보며 '어? 여기에 전에 뭐가 있었더라?' 했던 경험이 누구나 한번쯤은 있을 겁니다. 떠올려봐도 끝끝내 생각이 나지 않지요.

사람은 설령 눈에 들어와도 의식하지 않으면 눈으로 보고 있는 것을 인식하고 기억하지 않습니다. 그리고 한번 의식하기 시작하면 갑자기 눈에 들어오게 됩니다.

'렉서스가 갖고 싶다!'고 생각한 순간부터 거리에서 렉서스만 마구 눈에 들어오는 식입니다. 자신이 임신했거나 혹은 아내가 임신했다면 그 순간부터 임신부나 유모차를 밀고 가는 부부, 아이들과 함께 쇼핑을 하는 가족을 만날 기회가 갑자기 늘어나기도 합니다.

갑자기 렉서스를 타는 사람이 늘어난 것도, 임신부나 자녀와 함께 다니는 가족이 늘어난 것도 아닙니다. 단지 그들을 보는 나의 인식이 달라졌을 뿐입니다.

이러한 현상을 '컬러 배스 효과(Color Bath Effect)'라고 합니다. 직역하면 '색을 입힌다'는 뜻입니다. 간단하게 말하자면 '무언가를 의식함으로써 그와 관련된 정보가 계속해서 모여드는 현상'입니다. 색깔뿐만 아니라 언어나 이미지, 사물 등 의식하는 모든 사상의 측면에서 일어나는 현상입니다.

여기서 잠깐 게임을 같이 해 볼까요?

당신 주변에 있는 빨간색 물건을 5초 동안 가능한 한 많이 찾아보세요. 그러고 나서 눈을 감고 다음의 물음에 답해 보세요.

"파란색 물건은 어떤 것이 있었나요?"

자, 몇 가지를 떠올리셨나요? 저는 이 게임을 처음 했을 때 단 하나도 대답하지 못했습니다. 그런데 눈을 뜨고 보니 제 주변에 파란색 물건이 여러 개 있었습니다.

빨간색 물건을 찾아보라는 말을 들었기 때문에 빨간색 물건만 의식하기 시작했고, 파란색 물건은 의식에서 완전히 사라져 버린 것입니다. 인간의 뇌는 특정 현상을 의식하면 오감을 최대한 사용해서 그것을 적극적으로 인식하는 성질이 있기 때문에 빨간색에 초점을 맞춘 순간부터 다른 색은 인식하지 않는 것입니다.

회계사가 되겠다는 목표를 정한 뒤 노트에 야망, 욕망, 꿈, 희망을 적어 내려갔을 때부터 제게 이 '컬러 배스 효과'에 의한 현상이 일어났습니다.

이제 행동만이 남은 것입니다.

"회계사가 되겠다는 목표를 이루기 위해 무엇을 할 것인가?"

샘솟는 궁금증으로 이것저것 알아보게 됩니다. 당시에는 SNS가 아직 활성화되지 않았기 때문에 책을 찾아보거나 전문학교에서 제공하는 팸플릿을 통해 정보를 얻었고, 독학으로는 회계사 시험에 합격하기 어렵다는 판단으로 학교를 알아봤습니다.

'이왕 학교에 다닐 거면 합격률이 좋은 곳에 들어가야지, 수요일 저녁에 회계론 관련 과목 수업을 들을 수 있네, 수요일은 야근이 없는 날이니까 다닐 수 있겠어.'

그렇게 '회계사 시험에 합격하기'라는 목표를 달성하기 위해 안테나를 세우자, 하나둘 행동으로 옮길 수 있었습니다.

4

당신은 이미 성공했다!

회계사가 되기로 마음먹고 노트에 '꿈'과 '바람'을 마구 적어 보았다고 했는데, 여기에는 '외제차를 사자', '지하에 바를 만들자'처럼 화려한 라이프스타일을 꿈꾸는 내용만 적었던 것은 아닙니다. 실질적인 목표들도 제대로 노트에 적고 매일 보면서 '해내 보자!' 의욕을 불어넣었습니다.

혹시 '예축(豫祝)'이라는 말을 아시나요? 간단하게 말하자면 '미리 축하하는 것'입니다. 일본에서는 옛날부터 작물의 풍작을 기원하며 수확 전에 미리 축하하는 습관이 있었습

니다. 목표를 이루기 위해 행동할 때도 이 '예축'은 효과적
으로 기능합니다.

사법 시험 업계의 유명 강사이자 사법 분야 특화학원인
이토 학원의 원장인 이토 마코토(伊藤真) 씨는 수업을 시작
하기 전에 '합격 체험기'를 쓰게 한다고 합니다. 아직 시험도
안 봤는데, 아니 아직 수업조차 받지 않았는데 말이죠.
　마치 이미 합격한 것 같은 기분으로 '체험기'를 쓰게 하
면 학생들은 슬럼프나 좌절도 미리 상정해서 정말로 슬럼
프에 빠졌을 때 무사히 극복하고 시험일을 맞이할 수 있다
고 생각한다고 합니다. 이것이 바로 이 학원이 수많은 사
법시험 합격자를 배출한 비법 중 하나이기도 합니다. 이
역시 '예축'을 잘 활용한 예인 것이죠.

저는 회계사 시험을 치르기로 마음먹었을 때 가구점에
가서 최고급 책상과 의자를 구입했습니다. 그리고 이미 회
계사가 되어 신고 서류를 작성하는 것처럼 그 책상에 앉아
공부를 했습니다. 그뿐만이 아닙니다. 제가 잘하는 상상
혹은 망상 능력을 발휘해서 이런 생각을 하기도 했습니다.

'맞춤 제작한 양복과 셔츠를 입고 파트너 사의 응접실에서 자신만만하게 상담을 하고 있는 나. 나의 회계사 사무실에서 일하는 직원은 총 다섯 명. 회계감사, 재무관리, 세무신고 등 각각 회계 전문가들이다. 뛰어난 전문성을 갖춘 정예군이 고객의 고민을 해결하고 있다.'

심지어 그림을 그려서 누구를 어디에 앉힐지까지 상상했습니다. **미래의 성공한 나를 미리 체험해 보는 '예축'. 이런 얼토당토않은 상상은 슬럼프에 빠지거나 놀러가고 싶을 때, 좌절의 기운이 몰려올 때 그것을 극복할 수 있는 원동력이 되었습니다.**

아직 한 과목도 시험을 치르지 않았을 때부터 이런 상상을 해서 '시험에 떨어질 리 없다'는 근거 없는 자신감이 넘쳐 있었습니다. 효과가 있었을까요?

'예축'은 목표를 달성하기 위해 노력할 때 말도 안 되는 효과를 발휘합니다. 여러분도 꼭 사용해 보세요.

5

인생 역전의 세 가지 승리 요인

대학교를 졸업한 뒤 사회초년생으로 처음으로 들어간 회
사는 블랙기업. 몸고생, 마음고생은 있는 대로 하면서 우물
안 개구리처럼 살아가던 나. 그런데 지금은 강사와 회계사
를 비롯한 다섯 가지 일을 해내고 있습니다. 이렇게 인생을
대역전시킬 수 있었던 승리 요인은 대체 무엇일까요?

　잡지 인터뷰 등에서 이에 대한 질문을 받으면 저는 항상
세 가지 승리 요인이 있었다고 대답합니다. 세 가지 승리
요인은 다음과 같습니다.

· 승리 요인 1

앞서 이야기했던 것처럼 구체적인 목표나 바람을 노트에 적었더니 컬러 배스 효과가 작동해서 회계사 시험 합격을 목표로 나아갈 수 있었던 점.

· 승리 요인 2

효과적인 공부법 덕분에 자격시험에 합격해서 나의 스킬을 쌓을 수 있었던 점.

여기에서 말하는 '효과적인 공부법'이란 PDCA를 활용한 공부법입니다. 계획(Plan)을 세우고, 실행하고(Do), 검증하고(Check), 개선하기(Action)를 반복하는 것입니다. 통상적으로 제조업 같은 분야에서 사용하는 방법인데 저는 이것을 공부나 스펙 쌓기에 활용했습니다.

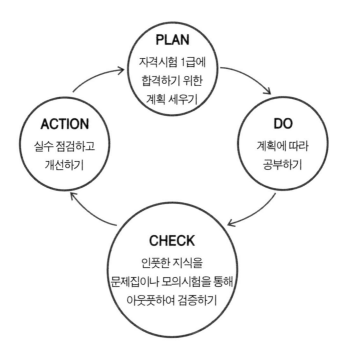

PLAN
자격시험 1급에
합격하기 위한
계획 세우기

DO
계획에 따라
공부하기

CHECK
인풋한 지식을
문제집이나 모의시험을 통해
아웃풋하여 검증하기

ACTION
실수 점검하고
개선하기

  그리고 저는 PDCA의 앞에 '골(Goal)'이라는 요소를 하나 더 추가했습니다. '시험에 합격해서 회사에서 가장 뛰어난 스페셜리스트 되기' 같은 목표입니다.

  목표를 설정하면 꼭 이루고 싶다는 마음이 더 뚜렷해집니다. 놀러갈 것인가, 공부할 것인가 두 가지 선택지 중에서 놀러가지 않고 공부하는 것을 택하거나 술자리에 가도 분위기에 휩쓸려 2차를 가지 않습니다. 아예 술자리에 가지 않는 것을 선택할 수 있게 됩니다.

· 승리 요인 3

'아침 시간'을 효과적으로 활용해서 인생을 역전시키는 시간을 확보할 수 있었던 점.

오래 기다리셨습니다! 이 책의 주제인 '아침 시간 활용법'이 드디어 만반의 준비 끝에 등장합니다!

회계사가 되기로 결심하고 공부를 시작했지만 여하튼 제가 당시 다니던 회사는 블랙기업에 아주 근접한 '오프 블랙(Off Black, 거의 검정으로 보일 만큼 어두운 색이지만 검정과 약간의 차이가 나는 색-옮긴이) 기업'이었습니다. 야근이 없는 날이 거의 없어서 매일 늦은 밤에 퇴근하곤 했습니다. 집에 돌아와서 공부를 해 보려 해도 이미 녹초가 된 탓에 집중력이 남아 있지 않았습니다.

'오늘 밤에는 반드시 공부하겠어!' 하고 기합을 넣고 마음을 먹었는데, 역시나 야근이나 상사의 회식 제안, 고객과의 약속이 생기면 그대로 끝이었습니다. 다시 말해서 저녁 시간을 오로지 '나의 시간'으로 쓸 수 없을 때가 많았습니다. 물론, 낮 시간은 근무 중이기 때문에 나만의 시간을 확보할 수 없습니다.

그래서 소거법으로 남은 것이 바로 '아침 시간'이었습니다.

6

'아침'이라는 이름의 골든타임

그렇습니다. 저는 나만의 시간을 확보하기 위해 '아침'을 활용했습니다. 정확하게 말하자면 아침 시간밖에 남아 있지 않았던 것이지만요. 소거법으로 우연히 발견한 시간대지만 실제로 해 보니 아침은 공부하기에 가장 쾌적한 시간대라는 사실을 알 수 있었습니다. 아침에 늦잠을 자지 않는 한 100퍼센트 나만의 시간으로 확보할 수 있었습니다. 아무에게도 방해받지 않고 공부하면 아침을 지배하는 왕이 된 듯한 기분이 듭니다.

앞에서 소개했듯이 직장인이 퇴근 후에 스펙이나 커리어를 쌓고, 자격시험 공부를 위해 저녁 시간을 확보하려고 해도 야근이나 술자리 권유, 집안일 등 일이 생기면 계획대로 시간을 활용할 수 없습니다. 더군다나 예정대로 저녁 시간이 비어도 회사 일 때문에 녹초가 되어 집중력이 따라주지 않습니다.

'어쩔 수 없다! 주말에 해야지!'라고 생각해도 집안 행사, 친구와의 약속, 결혼식, 아이 돌봄, 밀린 빨래와 청소 등으로 주말마저 계획대로 시간을 확보하기가 어렵습니다.

그러니 다시 한번 말합니다. 그리고 단언합니다.

바쁜 직장인이 '자유로울 수 있는 시간'은 결국 '아침 시간'뿐입니다.

프롤로그에서도 소개했듯이 제가 회사에서 일하면서 회계사 시험에 합격하고, 공인중개사 시험을 독학으로 합격하고, 비즈니스 기사를 쓰고, 책을 내고, 제가 만든 콘텐츠로 세미나를 할 수 있었던 이유는 모두 이 '아침'이라는 이름의 골든타임을 활용한 덕분입니다.

생각해 보면 성공을 손에 넣은 역사상의 인물이나 경영자 중에는 이 '아침 시간'을 효과적으로 사용한 인물이 많습니다. 과거 애플의 CEO인 스티브 잡스나 현 애플 CEO 팀 쿡, 스타벅스 전 CEO 하워드 슐츠, 아마존 CEO 제프 베이조스 등 아침 일찍 일어나는 습관이 있는 성공한 인물을 꼽자면 끝이 없습니다.

성공한 사람 중에서 아침 일찍 일어나는 습관을 가진 사람이 많은 것은 결코 우연이 아닙니다. 모두 '아침 시간만이 나의 현재와 미래에 영향을 미칠 수 있다'는 원칙을 알고 있었기 때문에 필연적으로 아침에 일찍 일어난 것이죠. 모두 '아침 시간'이 골든타임이라는 것을 잘 알고 있습니다.

이런 저도 아침 시간을 활용해 보니 그것이 얼마나 귀중하고 쾌적한 시간인지를 확신할 수 있었습니다. 아침 일찍 일어나기가 힘들다고만 하지 말고 평소보다 30분만 더 일찍 일어나서 출근 전 시간을 오로지 나를 위해 사용해 보세요.

아무에게도 방해받지 않는 '왕의 시간'이 당신을 기다리고 있습니다.

7

집중하는 시간의 마법

사람이 집중력을 유지할 수 있는 시간은 최대 90분이라고 합니다. 하지만 저는 일률적으로 '집중력을 유지할 수 있는 시간은 최대 몇 분이다'라고 단언할 수 없다고 생각합니다. 사람은 흥미가 있는 일에는 그 갑절인 시간도 집중할 수 있고, 반대로 흥미가 없는 일에는 집중을 10분도 유지하지 못합니다. 대상에 따라 집중할 수 있는 시간의 길이가 완전히 달라지는 셈이죠.

미스터리 소설에 푹 빠지게 되면 1시간도, 2시간도 순식간에 지나갑니다. 난해하고 재미없는 철학서를 읽을 때는 10분만 지나도 눈꺼풀이 무거워집니다. 이처럼 대상에 따라 집중력의 지속 시간은 다릅니다. 다만, 확실하게 말할 수 있는 것은 아무리 좋아하는 일이라 해도 시간이 흐를수록 집중력이 점차 떨어진다는 점입니다. 그 어떤 일이라도 장시간 지속하면 싫증이 나는 법이죠.

정부기관에서 발표한 '건강을 위한 수면 지침'에는 "인간이 충분하게 각성해서 작업할 수 있는 시간은 기상 후 12~13시간이 최대치이고, 15시간 이상이 경과하면 음주운전자와 비슷한 정도로 작업 효율성이 떨어진다"는 내용이 담겨 있습니다.

다시 말해서 아침 7시에 일어나는 사람은 오후 7시나 8시가 각성해서 작업을 할 수 있는 한계이고, 오후 10시 이후에는 술을 마시면서 작업을 하고 있는 것과 똑같은 상황이라는 말입니다.

가령 당신이 아침 7시에 일어나서 일과를 마친 뒤 집에 돌아와 저녁을 먹고 밤 10시부터 공부를 시작한다고 해도, 이미 시작 시점에서 술에 취한 채로 공부하고 있는 것과 똑같은 상태라는 말입니다. 안 그래도 하루 종일 업무에 시달리느라 피로가 쌓인, 일종의 너덜너덜한 상태에서는 공부를 해도 집중력이 지속되지 못하고, 꾸준한 루틴으로 발전하기보다는 작심삼일에 그칠 가능성도 높아집니다. 따라서 저녁에 집에 돌아와서 공부를 하는 것은 비효율적입니다.

같은 시간을 쓴다면 저녁 시간보다는 신선하고 집중력이 높은 아침 시간을 활용하는 편이 몇 배나 효과적이고 효율적인 것이죠.

8

'급하진 않지만 중요한 일'에
몰두하는 시간

혹시 일하면서 이런 기분이 든 적 없으신가요?

'해야 할 일을 차례차례 끝냈는데 왠지 모르게 마음에 걸
리고 찝찝해.'
'일을 해도 해도 개운하지 않고 불안해.'

이런 생각이 든다면 그것은 '좋아하고, 편하고, 수월한'
일밖에 하고 있지 않기 때문입니다. '좋아하고, 편하고, 수

월한' 일이란 뭘까요? 사람은 자신도 모르게 '좋아하고, 편하고, 수월한' 일만 하려는 성질을 갖고 있습니다. 그래서 중요하고 난이도가 높은 일은 뒤로 미뤄 개운하지 않은 기분이 지속되는 것입니다.

일은 크게 네 가지로 나뉩니다.

• 급하고 중요한 일
• 급하지 않지만 중요한 일
• 급하지만 중요하지 않은 일
• 급하지도 않고 중요하지도 않은 일

이 중에서 마지막 두 개는 중요하지 않기 때문에 굳이 하지 않아도 됩니다. 그리고 '급하고 중요한 일'은 좋든 싫든 야근을 해서라도 할 것입니다. 문제는 마지막에 남은 '급하지 않지만 중요한 일'입니다.

하지만 사람은 당장 눈앞에 일을 처리하느라 여기에 잘 몰두하지 못하고, 이것이 살아가면서 점점 답답함을 느끼는 원인이 되곤 합니다.

제 지인이 운영하는 회계사 사무실은 고객이 많아 10명이 넘는 직원이 매일 바쁘게 일하고 있습니다. 어느 날 그 사무실의 소장님이 제게 "아는 사람 중에 혹시 영어 강사가 있느냐"고 물어왔습니다. 처음에는 소장님 본인 혹은 자녀가 영어를 배우려고 하나 싶었는데 이야기를 잘 들어보니 아니었습니다.

무려 바쁜 와중에도 짬을 내서 직원들에게 영어 공부를 시키겠다고 결심한 것입니다. 심지어 목표는 직원 전원 토익 평균 점수를 800점 이상으로 만드는 것. 이 목표를 두고 'G+PDCA 사이클'을 돌리기 시작한 것입니다.

목표(G)는 국제적으로 활약하는 회계사 사무실을 만드는 것이고, 그 수단으로 주 2회 2시간씩, 영어 회화 강의를 듣는 계획(P)을 세우고, 강사를 초빙해 공부하고(D), 문제점을 파악하여(C), 다음 강의까지 개선하는(A) 것입니다. 이와 같은 과정을 4년 동안 꾸준히 반복한 결과, 그 사무소는 11개국에서 고객을 상대하는 곳으로 변신했습니다.

이 사무소가 대성공한 이유는 뭘까요? 그것은 바로 '급하고 중요한 일'에 얽매이지 않고 더 나은 미래를 위해 '급하지 않지만 중요한 일'에 집중했기 때문입니다.

무엇보다 훌륭한 점은 그 방식입니다. 'G+PDCA 사이클'을 확실하게 실행하고 지속했다는 것이 최대 성공 요인입니다.

아무리 바빠도 이 시간만큼은 반드시 '내 미래에 영향을 미치는 일을 지속하는 시간으로 쓰자'고 마음먹으면 그 시간은 꿈을 실현시키는 과정으로 변신합니다.

이 회계사 사무소의 예는 회사 차원에서 진행한 것이기 때문에 근무 시간의 일부를 강의를 듣는 데 쓸 수 있었지만, 대개의 직장인은 그 시간을 확보하기 어렵습니다. 그러니까 더더욱 아침 시간을 활용할 수밖에 없는 것입니다.

즉, 아침이라는 골든타임은 우리에게 '급하지 않지만 중요한 일'에 몰두할 수 있는 유일한 시간인 것입니다.

9

미뤄 두었던 일은 아침에 전부 끝내자!

이번 장에서는 '아침'이라는 골든타임을 발견하기까지의 경위와 직장인에게는 '아침 시간'밖에 남지 않았다는 이야기를 했습니다.

마지막으로 아침 시간을 활용했을 때 얻을 수 있는 다양한 이점에 대해 짚어 보려고 합니다.

• 하고 싶은 일을 계획대로 할 수 있다

아침에는 방해하는 사람이 없습니다. 이른 아침에는 집에서든 회사 근처의 카페에서든 갑자기 일거리를 던져 주는 상사도 없고, 고객에게 전화가 걸려 오지도 않습니다. '놀러 왔어!' 하며 간식거리를 들고 나타나는 친구도 없습니다. 아침 시간은 오로지 당신이 쓰고 싶은 일에만 쓸 수 있습니다. 계획해 두었던 일을 기분 좋게 진행할 수 있습니다.

• 지금까지 작심삼일로 끝났던 일도 계속할 수 있다

매일 아침 집에서, 다시 잠들 것 같다면 회사 근처의 카페에서 '미래를 위한 시간'을 보냅니다. 이것은 매일매일의 습관으로 자리 잡기 때문에 작심삼일로 끝날 수가 없습니다. 몇 번씩이나 좌절을 맛본 과거의 작심삼일 대표인 제가 장담합니다.

• 주변 사람들을 뛰어넘을 수 있다

출근 전 시간을 미래를 향해 전진하는 시간으로 삼는다고 생각해 보세요. 가령 30분을 효과적으로 사용하면 당신은 그 시간 동안 아무것도 하지 않는 사람들보다 1년에 182시간 이상이나 앞서게 됩니다. 182시간은 하루에 7시간 반을 일한다고 치면 24일에 해당합니다. 한 달의 노동 시간에 필적하는 시간인 것이죠. 그 시간을 허투로 쓰지 않으면 주변 사람들을 뛰어넘을 수 있습니다.

• 다른 사람보다 먼저 기회를 만들 수 있다

만약 아침에 더 일찍 일어나서, 가령 2시간이나 되는 어드밴티지를 손에 넣으면 더 대단한 일이 일어납니다. 이미 미래를 위해 시간을 보내고, 그 김에 오늘 할 일을 준비하고 조사까지 마친 당신은 업무가 시작되자마자 로켓처럼 튀어 오를 수 있습니다. 책상 앞에 앉자마자 허겁지겁 그날의 업무 준비를 시작하는 동료와의 격차는 또렷합니다.

• 미루고 미뤘던 일을 끝낼 수 있다

아침 시간은 효율이 좋기 때문에 더더욱 값진 시간입니다. 미래를 위한 공부뿐만 아니라 제안서나 프레젠테이션 자료도 얼마든지 만들 수 있습니다. 아침에 일을 해 보면 그동안 왜 그렇게 시간에 쫓겼나 싶을 만큼 빨리 끝낼 수 있습니다.

상사가 '일주일 뒤에 제출해 달라'고 부탁한 일을 닥쳐서 하느라 전전긍긍하지 않고, 여유 있게 끝내는 쾌감을 꼭 느껴 보세요. 아침 시간을 제어하면 일주일 뒤는 물론, 더 나중의 미래도 제어할 수 있습니다.

• 인생에서 가장 중요한 일을 아침에 제일 먼저 끝낼 수 있다

인생에서 가장 중요한 일. 즉, '나의 미래에 영향을 미치는 일'입니다. 분명하게 말하자면, 아침의 골든타임을 자거나 스마트폰을 들여다보는 데 쓴 사람들이 하염없이 뒤로 미뤘던 일입니다. 가장 중요한 일을 하루를 시작할 때 하기. 회사에 출근하기 전에 끝내기. 지금까지 하지 못한 일이 아침 8시에 이미 끝나 있는 것입니다. 성공하지 않을 리가 없습니다.

어떤가요? 이뿐만이 아닙니다. 애초에 아침 일찍 일어나면 건강에도 좋고, 이른 아침에 집을 나서면 지하철도 여유로워 몸도, 마음도 지칠 일이 없습니다.

아침 시간은 그야말로 '좋은 점' 투성이입니다. 지금까지 나도 모르게 보물 같은 시간을 낭비했다는 후회가 밀려들지 않나요? 그렇다 해도 절망할 필요 없습니다. 이제부터 잘 활용하기만 하면 됩니다.

그럼 다음 2장, 아침 시간 활용을 위한 준비로 넘어가 봅시다.

모닝 루틴 체크리스트

- ☑ 꿈과 바람 적어 보기
- ☑ 성공한 나의 모습을 그리고 미리 축하해 보기
- ☑ 내 미래에 영향을 끼치는 일이 무엇인지 구체화하기
- ☑ 그동안 미뤄 왔던 일 파악하기
- ☑ 내게 맞는 수면 패턴 찾기

모든 성취의 시작점은
무언가를 원하는 마음이다.

나폴레온 힐

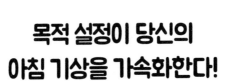

2장

목적 설정이 당신의
아침 기상을 가속화한다!

1

'인생'이라는 택시로 목적지에 가려면

상상해 보세요. 당신은 길모퉁이에서 택시를 잡아 올라탔습니다.

"어디로 갈까요?"

이 질문에 당신이 만약 자신의 행선지를 답하지 못하면 어떨까요? 당연히 차는 출발할 수 없겠죠.

"잠시 저쪽을 한 바퀴 돌 테니 경치라도 보면서 천천히 행선지를 정해 주세요" 같은 따뜻한 말은 해 주지 않을 것입니다. 올라탄 순간부터 미터기는 움직이고 있습니다. 시간만이 잔혹하게 흘러갑니다. 그리고 사라져 갑니다. 마치 우리의 인생처럼.

인생이라는 택시에서는 '목적지'가 정해져 있지 않으면, 어느 곳에도 갈 수 없고 시간만 흐릅니다. 세월만 쌓여가는 것이죠. 모처럼 엔진을 가동시켜 지시를 기다리고 있는 운전수가 있어도 엑셀을 밟을 수 없다니 참 아까운 이야기입니다.

'이대로 계속되는 인생은 싫어! 달라지고 싶어!', '회사가 너무 싫어! 이직하고 싶어', '독립하고 싶어!' 하는 생각이 들어도 그것만으로는 아무것도 달라지지 않습니다.

'어떻게 하고 싶다'든가 '저렇게 되고 싶다'라는 분명한 목적이 필요합니다.

10초만 생각해 보세요. 당신에게는 목적이 있나요?

만약 없다면 아침 시간을 활용하기에 앞서서 꼭 생각해 봐야 할 문제입니다. 향해서 나아가고 싶은 목적이 없으면 택시에서 분명한 목적지를 말하지 않고 '하여튼 그런 비슷한 곳으로 가 주세요!' 하고 무리한 난제를 말하는 것과 같

습니다. 목적이 없으면 동기 부여가 제로이기 때문에 아침
에 일찍 일어날 수 없습니다. 아무것도 할 게 없는데 왜 일
어나야 하는지 스스로를 설득할 수 없는 겁니다.

2

명확한 목적이 있어야
일찍 일어날 수 있다

'실현하고 싶은 일이 있었고 그것을 이뤘다!'

이것을 말로 표현할 때 이런저런 다양한 표현 방법이 있습니다.

'꿈 실현'

'큰 바람 성취'

'비전 달성'

'원하던 것이 현실이 됐다!'

'기적이 일어났다!'

어떤 표현을 쓰든 그 사람의 자유입니다. 다만, 여기에서 '목적'과 '목표'의 차이를 이해하고 바르게 구별해서 쓸 필요가 있습니다. 구분해서 쓰면 실현할 확률이 훨씬 높아집니다.

'목적'과 '목표'는 다릅니다.

한마디로 말하자면 '목표'는 '목적'을 실현하기 위해 있는 것입니다.

악의 비밀 결사의 '목적'은 '세계 정복'. '목표'는 세계 정복을 실현하기 위해 우선 정의의 히어로를 쓰러뜨리는 것. 더 현실적인 예시를 들자면, '다이어트'가 있습니다. 다이어트를 해야겠다는 생각만 있다면 막연하기 때문에, 모임에서 친구가 맛있는 것을 먹는 모습을 보고 맥없이 무너지기 쉽습니다. 여기에 명확한 '목적'이 더해지면 어떨까요?

'6개월 후에 친구들과 바다에 간다. 그때까지 7킬로그램을 빼서 멋진 모습으로 가겠다!'

'3개월 동안 웨이트 트레이닝을 받아서 건강하게 날씬한 모습이 되고 싶어!'

이러한 구체적인 '목적'이 더해지면 단순히 '다이어트'라는 '목표'만 있었을 때에는 지속하기 어려웠던 다이어트에 의욕이 더해집니다. 실현하고 싶은 '목적'을 위한 생각이 강하면 강할수록 '목표'가 달성될 가능성도 높아지는 것입니다. 구체적인 '목적'이 정해지면 '목표'도 구체화됩니다.

'3개월 후까지 7킬로그램 빼기 위해서는 아침에는 해조 샐러드와 계란을 먹고, 점심에는 면류나 탄수화물을 줄이고, 저녁 8시 이후에는 먹지 않는다. 일주일에 최소 네 번은 운동을 하러 간다.'

이런 식으로 점점 더 목표가 구체화됩니다. 자격시험이나 어학 공부도 마찬가지입니다. '사법 자격시험에 합격하고 싶다'라든가 '토플 점수를 올리고 싶다'는 둘 다 목표일

뿐입니다. 목표만 있으면 조금만 공부가 밀려도 마음이 맞는 친구가 부르면 따라 나갑니다. 그러는 동안 공부는 점점 밀려서 '시험은 다음에 볼까' 하고 미뤄 버립니다.

영어도 '지금도 어느 정도는 되니까 괜찮아'라고 생각하게 됩니다. 그러니 '점수를 올려서 O월에는 해외 대학원에 지원한다'처럼 '목적'이 있다면 다릅니다. 친구의 권유도 의연하게 거절할 수 있습니다.

목적이 있으면 다양한 목표를 설정하고 선택할 수 있습니다. 명확한 목적이 있어야 아침 일찍 일어날 수 있는 것입니다. 목적을 성취하기 위해 목표를 달성한다. 아침이라는 골든타임을 활용하는 것은 그 수단인 것입니다.

3

타임머신을 타고
당신을 발견하는 여행을 떠나라

"아침 시간을 활용하기 전에 목적을 명확하게 세워야 한다
는 건 알겠는데 명확한 목적이 뭔지 모르겠어요."

그런 당신에게 딱 맞는 방법을 알려드리겠습니다.

갑작스럽지만 만약 도라에몽의 비밀 도구를 하나만 자
유롭게 사용해도 좋다면, 그런 꿈같은 제안을 받는면 당신
은 어떤 도구를 선택하겠습니까?

'어디로든 문(가고 싶은 곳을 말하거나 생각하고 문을 열기만 하

면 원하는 곳으로 갈 수 있는 분홍색 문—옮긴이)', '타케콥터(도라에몽
이 사용하는 가장 유명한 비밀 도구. 대나무로 만들어진 헬리콥터로 최
대 비행 시간은 6~8시간, 최고 시속은 80킬로미터에 달한다—옮긴이)',
'스몰 라이트(손전등 모양이며 어떤 물체든 작게 만들 수 있는 도구—
옮긴이)' 등등 전부 사용해 보고 싶은 도구들 뿐이죠.

참고로 저는 망설임 없이 '악마의 패스포트'를 고를 것입
니다. 이 패스포트는 제시하기만 하면 어떤 재앙이 일어나
도 용서받을 수 있는 최강의 아이템입니다. 하지만 주인공
은 늘 이 도구를 제대로 쓰지 못했습니다. 지금의 저라면
온갖 수단을 동원해서 효과적으로 활용할 수 있을 것 같습
니다.

도라에몽의 비밀 도구 중에서도 '타임머신'은 꽤 인기 있
는 도구라고 생각합니다. 타임머신이 있으면 지나간 과거
로 돌아가 이미 세상을 떠난 부모님을 만나러 갈 수도 있
고, 반대로 아직 오지 않은 미래로 가서 성장한 내 아이를
만날 수도 있습니다. 정말 매력적인 도구죠.

만약 당신이 '목표를 설정하지 못하겠다'고 고민하고 있
다면 반드시 이 타임머신에 올라타서 자신의 과거를 기억
이 나는 대로 떠올려보고, 당신이 재능을 발휘할 수 있는

분야를 찾아보세요.

제가 첫 책 『30대에 인생을 역전시키는 1일 30분 공부법』을 썼을 때의 일입니다. 이 데뷔작은 타임머신을 타고 수년 전의 저를 다시 들여다봄으로써 탄생한 것입니다. 책을 내고 싶다는 소망을 항상 품고 있던 저는 처음 출판사로부터 집필을 권유받았을 때 무척 기뻤습니다. 그런데 사실 담당 편집자가 제시한 책의 주제는 '쉽게 이해하는 회계'였습니다.

그간 회사에서 일한 경력과 회계사 경력을 살려서 중소기업 경영자를 위한 회계 해설 책을 쓰길 원했던 것입니다. 그 주제는 자신이 없진 않았지만 솔직히 뛰어나게 잘하는 것도 아닌 그런 것이었습니다.

기획이 진행되는 동안 제 가슴속에서 '이제 막 회계사가 된 내가 독자에게 전달할 수 있는 콘텐츠는 뭘까? 턱없이 부족하지 않을까?'라는 고민이 밀려왔고, 답답함이 소용돌이치기 시작했습니다. 그래서 저는 '나는 도대체 어떤 사람일까'에 대해 생각하기 위해 저의 과거를 다시 들여다보기로 한 것입니다. 그렇습니다. 타임머신에 타서 저의 '목적'

을 찾으러 여행을 떠났던 것이죠.

'2000년에 나는 이랬구나', '2001년에 나는 이랬구나' 하며 과거를 돌이켜보고, 잘 생각나지 않을 때에는 인터넷에서 그 해에 어떤 사건이 일어났는지를 찾아보며 연관을 지어보는 등 과거를 철저히 밝혀냈습니다. 그 결과, 무려 15년 동안 여러 자격시험 공부와 전문학교에서의 강사 생활이 제 인생을 관통하고 있었습니다.

자격시험 공부는 독학을 하기도 하고 학교를 다니기도 했으며, 전문학교에서는 필수 수업을 담당했습니다. 그렇게 습득한 공부 노하우, 이것이야말로 제가 정말 쓰고 싶었던 내용이라는 것을 깨달았습니다.

'내가 정말로 내고 싶은 책'이라는 '목적'이 정해지자마자 그간 축적해 두었던 콘텐츠가 마구 떠올라 8만 자 정도면 충분하다는 원고를 14만 자 이상 써서 전달했습니다. 편집자에게 그만 써도 좋다는 이야기를 들을 정도였습니다. 정말이지 신나게 글을 썼습니다.

이처럼 저는 과거를 돌이켜보고 제 자신을 다시 들여다봄으로써 저의 강점, 즉 제가 잘하는 것이 무엇인지 알 수 있었습니다. 다시 한번 반복합니다. 만약 당신이 '목적'을 찾을 수 없다면 타임머신에 탔다는 생각으로 과거를 돌이켜보고 당신이 '재능을 보이는 분야'를 찾아보세요. 분명 '목적'을 설정할 때 힌트가 되어 줄 것입니다.

4

내가 나를 더 모른다

종종 드라마 등에서 주인공이 '내버려 둬! 내 일은 내가 제
일 잘 알아!' 같은 대사를 할 때가 있죠. 하지만 실제로 등
에 난 점을 내가 알아챌 수 없듯이 우리는 스스로에 대해
생각보다 잘 알지 못합니다. '커뮤니케이션 능력이 뛰어나
다', '리더십이 있다', '독해력이 있다' 등 다양한 장점을 가진
사람들이 '겸손'이라는 미덕을 좇아 자신의 장점을 놓치는
경우가 많습니다.

어느 파티에 참가했을 때의 일입니다. 게임에서 이긴 저는 상품으로 유명한 타로 점술사에게 타로점을 볼 수 있는 기회를 얻었습니다. 그런데 그 점술사가 제게 "본처 외에 다른 여성의 그림자가 많이 보인다"고 하는 것입니다. 무슨 말이냐고 되묻자, 점술가는 제 주변에 많은 여성이 있다는 말만 반복했습니다. 모처럼 좋은 기회를 얻었는데 왠지 모르게 의심을 받고 취조당한 것만 같았습니다.

점술가의 해설이 끝난 후 저는 회계사 명함을 건네며 직업과 나이를 밝혔습니다. 그러자 점술가는 깜짝 놀라며 "점괘에는 그렇게 나오지 않는다"고 말했습니다.

"본업은 건설 회사에 다니는 평범한 직장인입니다만, 전문학교나 대학에서 세미나 강의를 하고 있습니다. 최근에는 자기계발서를 내기도 했습니다."

그러자 점술가는 갑자기 "아, 이제 알겠어요!"라고 말했습니다. '본처 외에 많은 여성의 그림자가 보인다'는 점괘는 주변에 여자가 많은 게 아니라 '본업 외에 많은 일을 하고 있다'는 뜻이었던 것입니다. 그제야 주변에서 의심의 눈초리가 사그라들고 "대단하네요", "힘들지 않아요?", "바쁘실 텐데 어떻게 책까지 쓰신 거예요?", "시간 관리는 어떻게 하세요?"와 같은 반응과 질문이 쏟아졌습니다.

사람들은 다섯 가지나 되는 일을 하는 것이 벅차지 않냐고 물었는데, 제 생활을 돌아보면 결코 잠자는 시간이나 여가 시간이 줄어들지 않았습니다. 잠은 남들처럼 7시간 이상 자고, 주변 사람들과도 충분히 시간을 보내고 있었기 때문에 제 생활이 특별히 대단하다고 생각하지 않았습니다. 하지만 다른 사람이 보기에는 놀랄 만한 일이었던 것입니다.

그 후 저는 출판사에 '다섯 가지 일을 해도 실컷 놀 수 있는 시간 관리법'이라는 책 기획서를 제출했습니다. '제목이 조금 장난스럽지만 기획 자체는 재미있다'는 평가를 받아서 두 번째 책으로 출판할 수 있었습니다. 자신의 '대단한 구석'은 스스로는 아무렇지 않게 할 수 있는 일이기 때문에 의외로 간과하기 쉽습니다. 자신의 장점이나 강점을 다른 사람이 이야기해 주지 않는 이상 깨닫기 어렵다는 것입니다.

마인드맵에 대해서 잘 아실 겁니다. 사고법, 발상법의 하나로, 머릿속에서 일어나고 있는 일을 가시화하는 사고 도구이지요. 이 마인드맵에 관한 강습을 받은 적이 있습니다. 거기서 '지금까지 내가 해 온 것들'을 마인드맵으로 그려 보라는 과제를 받은 저는 어렸을 적부터 지금까지의 기억들을 다채로운 색으로 가시화했습니다.

한 가지 기억을 떠올리면 고구마 줄기처럼 이런저런 일들이 떠올랐고, 마인드맵이 완성되자 '이런 과거가 지금의 나를 만들었구나' 하고, 객관적으로 스스로의 인생을 부감할 수 있었습니다. 중학교 때까지는 검도, 고등학교에서는 가라테, 사회생활을 시작하고 나서는 소림사 권법을 배웠는데, 마인드맵에 적어 놓고 보니 새삼 '나는 싫증을 잘 내고 하나를 오래 지속하지 못하는 성격이구나'를 깨달았습니다.

강습 이후 어느 날, 저는 그 마인드맵을 가지고 출판사 편집자와 새 책에 대한 기획을 논의했습니다. 제가 쓸 수 있다기보다는 저밖에 쓸 수 없는 시간 관리법에 관한 책의 소재를 찾기 위해, 저라는 사람의 역사라고도 할 수 있는 마인드맵을 함께 들여다봤습니다.

그때 편집자가 이렇게 말했습니다.

"이시카와 씨 정말 대단해요! 초등학교 1학년 때부터 직장인이 된 지금까지 줄곧 무도를 해 왔네요. 검도, 가라테, 소림사 권법까지. 이렇게 꾸준히 무도를 하는 건 아무나 할 수 있는 일이 아니에요. 축구나 야구를 할 생각은 없으셨어요? 싫증 내지 않고 계속하신 거죠? 차라리 '무도로 배우는 시간 관리법'을 책의 주제로 하면 어떨까요?"

저는 깜짝 놀랐습니다. 마인드맵을 완성했을 때 '난 정말 뭘 해도 지속하지 못하는 녀석이구나' 하며 오히려 단점을 마주한 듯한 느낌이 들어 꽤나 낙담했기 때문입니다.

그런데 완전히 똑같은 마인드맵을 본 사람에게 '꾸준히 해 오셨네요'라는 칭찬을 받고, 심지어 그것을 주제로 책을 만들어 보자는 말까지 들은 것입니다.

이처럼 같은 일이라도 사람에 따라 느끼는 방식이 180도 달라집니다. 앞서 타로점을 봤을 때의 경험도 마찬가지입니다. 주변 사람들이 '다섯 가지 일을 동시에 해내다니 굉장하다'고 생각할 만한 일을 저는 대단한 일이 아니라며 당연하게 여기고 과소평가했습니다.

따라서 당신도 '목적'을 찾을 때 꼭 혼자서 찾지 말고 신뢰할 수 있는 사람에게 "나에게는 어떤 장점이 있다고 생각해?"라고 물어보길 바랍니다.

당신의 강점을 발휘할 수 있는 '목적'을 발견하는 데 큰 힌트가 될지도 모릅니다.

5

하고 싶지 않은 일도 명확히 하라

나는 도대체 무엇을 하고 싶은 걸까? 그리고 나는 무엇이 되고 싶은 걸까?

만약 이런 고민을 하고 있다면 종이에 하나둘 적어 보는 것을 추천합니다. 여기서 한 가지 기억할 것은, 하고 싶은 것뿐만 아니라 하고 싶지 않은 것도 종이에 적어서 명확히 해 봐야 한다는 것입니다. 이전에 저는 '하고 싶은 일'에만 초점을 맞춰 목적을 설정했는데, 하고 싶지 않은 일을 명확하게 하자, 하고 싶은 일이 더 선명해졌습니다.

다음은 당시에 제가 노트에 적은 내용입니다.

• 하고 싶지 않은 일

1. 비굴하게 아첨하고 싶지 않다.

2. 내가 하는 업무를 무시당하고 싶지 않다.

3. 하청 일을 하고 싶지 않다.

4. 모회사에서 파견을 당하는 회사에 다니고 싶지 않다.

5. 가족과의 시간을 빼앗기고 싶지 않다.

6. 책을 읽을 시간이 없어지는 게 싫다.

7. 타인이 내게 으스대는 게 싫다.

• 하고 싶은 일

1. 회계사로서 독립하고 싶다.

2. 총무 일을 외주받는 회사를 만들고 싶다.

3. 직원을 100명 두고 싶다.

4. 세미나 강사가 되고 싶다.

5. 비서를 두고 싶다.

6. 유명한 사람과 친해지고 싶다.

7. 새집을 갖고 싶다.

8. 기부할 수 있는 사람이 되고 싶다.

9. 책을 쓰고 싶다.

10. 대학 강사가 되고 싶다.

11. 가족과의 시간을 확보하고 싶다.

이렇게 '하고 싶지 않은 일 리스트'를 기반으로 앞으로 어떻게 일하고, 일상을 보낼 것인지 명확히 하자 해야 할 일이 무엇인지 보였습니다.

이직을 하고, 회계사 자격증을 취득하고, 전문성을 길러 일적으로 더 이상 무시받지 않도록 노력했습니다. 생각해 보면 '하고 싶지 않은 일' 첫 줄에 적은 '비굴하게 아첨하는 것'이나 둘째 줄에 적은 '업무를 무시당하고 싶지 않다'를 실현하기 위해 노력했던 것입니다. 이 모든 것을 실제 일상으로 만들기까지 그 바탕에는 '하고 싶은 일'과 더불어 '하고 싶지 않은 일'이 명확하게 자리하고 있었습니다.

'하고 싶지 않은 일'을 명확하게 하면 '하고 싶은 일'이 더 명확해집니다. 꼭 '하고 싶지 않은 일'과 '하고 싶은 일' 모두를 적어 보길 바랍니다.

하나에 집중하는 법

앞서 이야기했듯이 저는 회계사, 전문학교 강사, 대학 강사, 세미나 강사, 자기계발서 작가, 원하던 회사로의 이직 등 제가 바라던 꿈을 하나둘 이뤄 왔습니다.

이 과정에서 제가 주의했던 점은, 꿈을 '하나씩' 이뤄 나갔다는 것입니다.

예를 들어, 아침 일찍 일어나 집을 나서기 전이나 카페에 가서 공부할 때 월요일은 회계 공부, 화요일은 대학 강의 연구, 수요일은 세미나 강사 능력을 기르기 위한 공부, 목요일은 집필 자료와 정보 수집, 금요일은 글쓰기, 토요일은 업무 스킬 쌓기처럼 매일 서로 다른 꿈을 이루기 위한 활동을 하면 어떻게 될까요? 아마 무엇 하나 제대로 실현시키지 못하고 모든 것이 어중간하게 끝날 겁니다.

꿈은 하나씩 실현시켜 나갔으면 합니다. 이름하여 '하나에 집중하는 법!' 그 목표가 달성되기까지 매일 그 일에 대해 생각하고, 매일 그 일을 하고, 오로지 그 일을 실현하기 위해 아침 시간을 쓰는 것입니다.

전설의 투자가라고 불리는 워런 버핏이 자신의 회사에서 일하는 파일럿에게 가르쳤던 '우선순위를 정하기 위한 목표 달성법'은 다음과 같은 세 가지 단계로 이뤄져 있습니다.

• 1단계
일의 목표 25개를 종이에 적어 본다.

• 2단계

자신에게 무엇이 중요한지를 음미해 보고 가장 중요한 다섯 가지 목표에 동그라미를 치자! 이때 동그라미의 개수는 절대 5개를 넘기지 않는다.

• 3단계

동그라미를 치지 않은 20개의 목표를 기억에 새긴다. 그리고 그 목표들에는 앞으로 절대 구애받지 않기로 한다. 정신이 산만해지기 때문이다. 그러면 쓸데없는 데 시간과 에너지를 빼앗겨 제일 중요한 목표에 집중할 수 없다.

버핏은 '하지 않을 일'과 '중요한 일 다섯 가지'를 추리는 것이 중요하다고 말한 셈인데, 이것은 비즈니스상의 이야기에 해당하고, 일상에서는 '중요한 일 한 가지'면 됩니다. 목표를 정하고 그것을 달성하기 위해 아침 시간을 활용해서 힘차게 앞으로 달려 나가려면 우선은 하나만 바라보고 전력질주하는 것이 좋습니다. 처음부터 너무 여러 가지를 욕심내면 금방 지치기 마련입니다.

다만, 목표를 하나로 추리라는 것이 아니라 '하나씩' 달성해 나가자는 말입니다. 저 또한 여러 가지 목표들을 세웠지만, 각각의 목표를 이루기 위해서는 차례로 한 가지 목표에만 집중했습니다. 하나의 목표에 집중해서 달성하고, '자, 종료! 다음!' 하며 연이어 단계를 밟아 나가는 것이 꿈을 실현하는 지름길입니다.

돋보기로 불을 붙일 때를 생각해 보세요. 여러 곳에 돋보기를 대도 불은 붙지 않습니다. 불을 일으키기 위해서는 한 가지에 집중해야 합니다. 아침의 골든타임에는 목표가 달성될 때까지 반드시 하나의 목표에 집중해야 한다는 점을 명심해 주세요.

모닝 루틴 체크리스트

☑ 명확한 목적 설정하기

☑ 목적을 바탕으로 목표 구체화하기

☑ 나 자신의 감정 알기

☑ 하고 싶지 않은 일에 대해 적어 보기

☑ 목표들 중 우선순위 따져 보기

아침은 새로운 잠재력을 가져온다.
전날의 불행을 버리지 않고 머물면
엄청난 기회를 보내는 셈이다.

하비 맥케이

3장

버리는 기술

1

새로 더하려면 우선 버려라!

입버릇처럼 '바쁘다'고 말하면서 하고 싶은 일을 뒤로 미루는 사람이 있습니다. 도대체 언제 시간이 나서 하고 싶은 일들을 할 수 있을까요? 제가 볼 때는 앞으로도 그 일을 '하지 않고' 평생을 살 것이라고 생각합니다.

앞서 이야기했듯이 누구에게나 하루는 24시간입니다. 그것은 평등합니다. 그런데 하고 싶은 일을 하나도 못 하는 사람이 있는가 하면, 일을 하면서도 확실하게 한 발 한 발 내디디는 사람도 있습니다. 마음가짐이 어떠한가는 제쳐 두고 이 둘의 차이는 '시간을 쓰는 방식'에 달려 있습니다.

생각해 보세요. 매일 아침 회사에 지각하지 않을 정도로 늦잠을 자고 일어나 통근 지하철에서는 스마트폰으로 게임하기, 회사에 도착하면 중요하지도 않은 일에 뭉그적거리다 시간을 쓰고, 잠깐만 볼 생각으로 클릭한 인터넷 창에서 한참 동안 서핑하기, 점심에는 줄이 길게 늘어선 가게 앞에서 한참을 기다렸다가 밥을 먹고, 다른 사람의 일을 떠맡아 하고……

이런 식으로 시간을 쓰면 하루가 50시간이어도 '나의 진정한 목적을 이루기 위한 시간'을 만들 수 없습니다. **입버릇처럼 '시간이 없다'고 말하는 사람은 자신이 24시간을 대체 어떻게 쓰고 있는지 객관적으로 점검해 보아야 합니다.**

이때 원칙은 '무언가 새로운 것을 더하려면 무언가를 버려야 한다'입니다. '나의 진정한 목적을 이루기 위한 시간'을 쓰려면 쓸데없는 시간을 버려야만 합니다. 늘어지게 잠자는 시간 버리기, 인터넷 서핑 시간 버리기, 긴 점심 시간 버리기, 다 떠맡으려는 내 성격 버리기 등 버릴 것들은 얼마든지 있습니다.

가능하면 30분마다 무엇을 했는지 적어 보고 '쓸데없는 시간'을 찾아내 보세요. 무언가를 버려서 빈 공간을 만들지 않으면 새로운 것을 넣을 수 없다는 각오로 쓸데없는 시간을 버려 보세요.

2

쓸데없는 시간을 버리자

앞에서 24시간을 효과적으로 보내기 위해 30분마다 무엇을 했는지 적어 보고 '쓸데없는 시간'을 찾아내 보라고 말했습니다. 그렇게 찾아낸 '쓸데없는 시간'은 과감하게 버립시다. 다음은 '쓸데없는 시간' 후보와 그에 대한 해결책을 적어 본 것입니다.

뉴스는 종이 신문과 인터넷 뉴스 둘 중 하나만 본다.

인터넷 서핑은 시간 제한을 두고 한다.

메신저나 SNS를 확인하는 시간을 정한다.

받은 메일에 대해 답장을 보내는 시간을 정한다.

면담은 가능한 한 몰아서 한다.

집중할 수 있는 오전 시간에는 전화 회신을 하지 않고 오후에 한꺼번에 한다.

회의, 미팅, 고객과의 면담을 할 때에는 시간 제한을 둔다.

점심은 외식 대신 직접 싼 도시락으로 해결한다. 또는 출근 전에 미리 산다.

점심은 포장 주문한다.

가능하다면 내가 가지 말고 상대방이 오게 한다.

목욕 대신 샤워를 한다.

얼마든지 더 적을 수 있습니다. 어쨌든 나의 24시간 중에서 '쓸데없는 시간'을 철저하게 파악하고 '가시화'해서 그 시간을 버리거나 줄이거나, 다른 시간과 중복시키거나, 다른 사람에게 맡기는 등 나름의 방법을 찾아보세요. 그 해결책에 대해서는 다음 페이지에 계속 설명하겠습니다.

3

취미를 버리자

저는 게임광이었습니다. 아니 지금도 게임을 좋아하지만 하지 않을 뿐입니다. 아니 하는 게임을 바꿨다고 말하는 편이 정확할지 모릅니다. 좀 더 자세히 설명해 볼까요?

자랑은 아니지만 '테트리스', '마리오 브라더스', '팩맨' 같은 게임을 전부 클리어했습니다. 회계사 시험 공부를 할 때에도 초반에는 공부 시간이 1시간이 될 때마다 머리를 식힐 겸 게임을 켰습니다. 딱 한 판만 할 생각이었지만 천

성적으로 게임을 좋아하는 제가 한 게임으로 끝낼 리 없었습니다. '한 게임만 더', '한 게임만 더' 하며 끝 줄 몰랐고, 정신을 차려 보니 1시간 공부하고 3시간 게임을 하는 역전 현상이 일어났습니다.

'이대로라면 평생 회계사가 되지 못할 거야.'

그렇게 번뜩 정신을 차린 저는 게임기를 지방에 있는 동생에게 보내고, 컴퓨터에 있는 게임을 모두 지웠습니다. 그리고 게임만큼이나 좋아했던 만화도 헌책방에 몽땅 팔았습니다. 도저히 버릴 수 없는 만화나 소설은 상자에 넣고 테이프를 칭칭 감아서 보이지 않는 곳에 두었습니다. 그렇게 저는 게임, 만화와 연을 끊었습니다. 그리고 새로운 게임을 시작했습니다.

바로 목표로 정했던 자격시험에 합격하는 게임입니다.

유능한 경영자는 대부분 일을 게임처럼 생각합니다. 게임이라고 생각하고 즐기기 때문에 오랜 시간 일해도 힘들어하지 않고, 난관에 부딪혀도 막강한 적과 싸운다는 생각으로 극복할 수 있는 것입니다. 그리고 최고 점수가 나오도록 매출과 수익 증대를 노립니다!

만약 당신이 플레이하는 게임이 너무 쉽게 클리어할 수 있는 수준이라면 시시하겠죠. 일도 마찬가지입니다. 너무 쉽게 목적을 이루면 재미가 없습니다. 정복하기 어려운 강적이어야 쓰러뜨렸을 때 비로소 보람을 느낄 수 있는 것입니다.

난이도를 높여 가며 차례차례 적을 쓰러뜨리고, 마지막으로 보스 캐릭터를 무찔러 그 게임을 클리어하기. 수없이 많이 반복하고 학습해서 내 힘 기르기. 모의시험으로 합격점을 넘기지 못했다면 원인을 파악하고 개념을 보충하여 이해 심화하기. 그렇게 해서 최종적으로 목표로 했던 시험에 합격해야 재미가 있는 것입니다.

다시 처음에 했던 말의 의미를 되짚어 볼까요? 앞서 저는 정말 좋아하던 게임보다 더 재미있는 게임을 시작했다고 했습니다. 화면을 보고 하는 가상 세계의 게임 대신 자격시험, 승진, 스킬 기르기 같은 '클리어하기 어렵지만 보람이 있는 현실 세계 게임'을 하기 시작했다는 말입니다.

제가 게임과 만화라는 취미를 버린 것처럼, 시간 가는 줄 모를 만큼 좋아하는 취미는 잠시 봉인해 두어야 합니다. 그 대신 '목표'를 클리어하는 게임에 푹 빠져 보세요.

4

야근을 버리자

당연한 말이지만 잠자는 시간이 늦어지면 그만큼 수면 시간을 뺏기게 됩니다. 이것도 당연한 말이지만 수면 시간이 적으면 아침 일찍 일어나기가 힘들어집니다. 저는 "매일 3시간밖에 못 자더라도 일찍 일어나서 아침의 골든타임을 활용해야 합니다!"라고 말하지 않습니다. 이 책의 취지는 '이상적인 수면 시간을 확보하고 아침에 최고의 퍼포먼스를 발휘하자'는 것입니다.

애초에 자는 시간이 늦어지는 것은 그 원인이 술자리나 파티라면 얘기는 달라지지만, 대부분의 회사원은 '야근' 때문이기도 합니다.

야근으로 귀가 시간이 늦어진다.

저녁 식사 시간이 늦어진다.

음식이 소화될 때까지 TV를 보거나 목욕을 하며 시간을 보낸다.

정신을 차리고 보면 새벽 2시가 다 돼 간다.

정말 무서운 악순환입니다! 이 악순환의 근원인 야근을 줄이지 않으면 이른 아침에 일어나서 최고의 퍼포먼스를 발휘할 수 없습니다. 따라서 야근을 줄이는 필살기를 딱 하나만 전수하고자 합니다. 그것은 바로 정시에 집에 돌아가기로 마음먹고 업무에 임하는 것!

아무리 바쁜 사람이라도 평소 신세를 많이 졌던 사람의 송별회가 열린다면 일을 빨리 마무리하고 참가하겠죠. 또한, 5년에 한 번밖에 오지 않는, 열광적으로 좋아하는 해외

아티스트의 라이브 공연 티켓이 생겼다면 퇴근 시간이 되자마자 회사를 박차고 나갈 것입니다. 혹은 결혼 10주년을 기념하는 날 밖에서 만나기로 했다면 어떻게든 퇴근 시간에 맞춰서 일을 끝낼 것입니다. 분명 그런 경험이 한두 번은 있었을 것입니다. 그때의 일을 떠올려 보세요.

우선순위가 높은 일부터 먼저 하고, 내일 해도 좋은 일은 뒤로 미루고, 평소에는 일을 맡기지 않는 부하에게 일을 맡겨도 보고, 졸음과 싸우는 상사에게 일을 부탁해 보고, 통화를 할 때는 결론부터 먼저 말한 뒤 재빨리 용건을 전달하고, 이야기가 길어질 것 같으면 상대방에게 단호하게 '5분밖에 없다'고 말해 간결하게 끝내고, 담배 피우는 시간도 줄이고, 커피 마시는 횟수도 줄이는 것.

이렇게 해서 제때 일을 끝내면 퇴근 후에 하고 싶은 일을 얼마든지 할 수 있고, 중요한 약속도 지킬 수 있습니다. 이런 생각으로 일을 진행해서 야근을 줄여 보세요. 주어진 일만 잘 해낸다면 정시에 퇴근하는 당신에게 뭐라 할 사람은 아무도 없을 것입니다. 요즘 같은 시대에는 야근을 적게 하고 높은 성과를 올리는 당신에게 회사도 고마워할 것입니다.

당신은 지금 매우 중요한 약속을 하려고 합니다.

누구와? 당신 자신과!

일찍 자고 이상적인 수면 시간을 확보해서 상쾌한 기분으로 아침을 맞이하고, 그 골든타임을 활용해 더 나은 미래를 위한 최고의 퍼포먼스를 발휘해 보세요.

나와의 약속을 지키기 위해 굳은 의지를 갖고 야근을 버려 주세요.

5

친구를 버리자

"서른이나 돼서 우정이 제일 중요하다니, 그런 풋내나는 소리 하지마. 기회가 오면 주변의 모든 환경과 이별하고 더 멋진 무대에 서는 것. 이걸 반복하는 게 결국 인생이야."

만화 『시마 과장』을 좋아했던 제가 그 원작자 히로카네 켄시가 쓴 자기계발서라는 말에 망설임 없이 구입한 책의 한 구절입니다. 남자들의 우정을 중시하던 25년 전의 제게 는 도저히 받아들이기 힘든, 엄격한 말이 아닐 수 없었습니다. 그런데 지금은 저 또한 다른 사람들에게 똑같이 조언합니다.

'목적을 찾았다면 친구에 얽매이지 말고 다음 단계로 나아가라.'

의도한 건 아니지만 저 역시 결과적으로 시간을 지나오면서 어울리는 친구들이 달라졌기 때문입니다. 회사를 그만두고 회계사를 목표로 공부를 시작했을 때에도, 세미나 강사로 활동하기 시작했을 때에도, 자기계발서를 쓰고자 마음먹었을 때에도 제 주변 친구들은 부정적인 반응을 보였습니다.

"멀쩡하게 다니던 회사를 그만두다니 말도 안 돼."
"네 실력에 그 어려운 회계사 시험에 합격할 리가 없어."
"너 낯 가리잖아. 그런데 세미나 강사를 할 수 있겠어?"
"잠깐, 무슨 책을 쓰겠다는 거야?"

이처럼 친구들의 부정적인 반응을 무릅쓰고 저는 자신을 믿고 계속해서 꿈을 실현해 왔습니다.

제가 진행하는 책 쓰기 세미나에 오시는 분들도 비슷합니다. 처음에는 전부 의욕이 넘치고 눈을 반짝이며 포부를 이야기하다가, 며칠이 지나 갑자기 수강을 취소하겠다고 하십니다. 이유를 여쭤보면 주변 사람들에게 만류를 받아 자신감을 잃었다는 분들이 많습니다.

이처럼 책을 출판해 본 적이 없는 사람, 독립한 경험이 없는 사람, 세미나 강사를 해 본 적 없는 사람, 즉 그 일에 도전해 본 적이 없는 사람에게 상담을 하면 리스크를 우려해 대개는 부정적인 의견밖에 돌려주지 않습니다. 현재의 환경을 택한 사람은 다른 사람에게 '환경을 바꾸라'고 말하지 않는 법입니다. 의식적으로든 무의식적으로든 당신이 자신과 동일한 환경에서 벗어나지 않길 바라기 때문입니다.

20대 후반, 저는 마음 맞는 친구와 매일같이 술을 마셔 댔습니다. 그렇게 시간 가는 줄 모르고 술을 마신 다음 날에는 블랙기업에서 일하는 현실에 대한 초조함에 사로잡혔습니다. 그런 현재 상황을 바꾸고 싶어서 행동하게 된 것입니다.

공부도, 인생도 흘러가는 대로 살아왔던 제가 전문학교에서 일류대학 출신들과 어울리며 진지하게 공부하는 자세를 배우고, 끊임없이 공부하는 것의 중요성을 깨닫게 된 것입니다. 회계사 시험에 합격한 후에도 회계사 모임에 참가해 이 힘든 시험에 5년, 10년씩 끈기 있게 도전하고, 마침내 사무소까지 개업한 선배들의 경험담을 들으며 큰 자극을 받았습니다.

출판을 계기로 여러 저자를 만나 전문적인 이야기를 들을 수 있었고, 덕분에 인생이 풍부해졌습니다. 만약 제가 20대 초반에 술만 마셔대던 친구들과 계속 어울렸다면, 그들의 부정적인 말을 들었다면 어땠을까요? 이런 결과에 이르지 못했을 것입니다.

사람은 환경에 감화됩니다. 기회가 있다면 현재의 환경과 이별하고 그 너머로 나아가야만 합니다. 그렇게 만난 새로운 친구들은 우리에게 다른 환경을 보여 주고 그곳으로 이끌어 줍니다. 새로운 환경에서 좋은 친구를 만나면 이전까지 본 적 없던 세계가 보이기 시작합니다.

아침 시간을 확보하고 싶은 당신을 억지로 2차, 3차까지 데려가는 친구는 좋은 친구가 아닙니다. 그런 친구들과는 더 이상 어울리지 말고 새로운 만남을 찾아봅시다.

누구와 어울릴지도 중요하지만, 누구와 어울리지 않을지도 중요합니다.

6

계획을 세울 때의 요령

'목적'이 정해졌다! 그 목적을 달성하기 위한 '목표'도 정했다! 그리고 그 목표를 이루기 위해서는 반드시 아침 시간을 활용해야 한다는 점도 깨달았다. 매일 일에 치여 살지만 불필요한 것들을 '버려서' 수면 시간을 더 확보하고 아침 일찍 일어날 수 있게 되었다!

자, 이제 아침 시간을 활용하기 전 모든 준비를 마치고 의욕이 넘치는 당신. 이때의 '계획'은 매우 중요합니다.

목적과 목표를 정했어도 '계획'이 탄탄하지 않으면 막다른 곳에 다다릅니다. 그렇게 일이 잘 안 풀리고 계획이 어긋난다는 생각이 들면 점점 괴로워져 회피하고 싶어집니다. 야근과 술자리가 늘고, 늘어지게 잠을 자는 날들로 다시 돌아가 버리기 쉽습니다. 그렇게 되지 않지 않도록 계획을 잘 세우는 요령을 전해드리려 합니다.

먼저, '처음에 세운 계획의 20퍼센트를 삭제하기'입니다.

계획을 세울 때에는 동기 부여도 최고치에 달해 있고, 기분도 고양되어 있습니다. '이것도 해야지!', '저것도 해야지!' 하며 자신도 모르게 무엇이든 채워 넣기 쉽습니다. 따라서 처음에 세운 계획에서 의도적으로 20퍼센트를 삭제하라는 것입니다. 동기 부여가 가장 강력할 때 세운 계획은 '슬럼프에 빠졌을 때'나 '건강이 안 좋아졌을 때', '회사 일에 파묻혀 사는 날들이 계속될 때'에는 지키지 못할 가능성이 높습니다.

한번 계획이 흐트러지면 어떻게 될까요? 낙담해서 아침 일찍 일어나서 이루려고 했던 '목표'를 버리게 됩니다.

또한, 목적을 달성하기 위해서는 목표와 함께 '수행 가능한 계획'이 반드시 존재해야 합니다.

자, 이제 '계획'을 세워서 아침 시간을 활용하기 위한 준비가 완벽하게 갖춰졌습니다. 다음 장부터는 드디어 아침 시간 활용을 위한 실천 방법에 돌입해 봅시다.

모닝 루틴 체크리스트

☑ 하루 24시간을 점검하고 낭비 시간 파악하기

☑ 5분, 10분 자투리 시간도 놓치지 않기

☑ 시간을 잡아먹는 취미와 안녕하기

☑ 습관적 야근은 시간 낭비라는 것 기억하기

☑ 긍정적인 영향을 주는 친구와 어울리기

☑ 처음 세운 계획에서 20퍼센트 덜어내기

☑ 실행 가능한 계획만 남기기

시간을 어떻게 쓸지 선택하는 것이
시간을 절약하는 것이다.

프랜시스 베이컨

4장

최고의 모닝 루틴을 위한
초고속 시간 관리법

1

몇 시에 일어나서
몇 시간 활동해야 하는가

세상에는 아침 시간의 효용을 다룬 책이 수없이 많이 나와 있고, 책마다 '아침 2시간'이나 '아침 15분' 등 적절한 시간에 대한 다양한 주장이 존재합니다. 제 관점에서 이 주장들은 모두 정답입니다. 그리고 모두 정답이 아니기도 합니다. 왜냐하면 목표로 삼은 타깃에 따라서 아침 시간을 얼마만큼 활용해야 하는지가 다르기 때문입니다.

예를 들어, 1개월 후에 토익 시험 점수를 몇 점 받겠다는 목표를 세우고 매일 아침 30분씩 일찍 일어나서 공부를 한다면, 원하는 수준에 도달할 수 있을 것입니다. 그러나 목표가 사법시험이라면 30분은 턱없이 부족한 시간입니다. 공부를 시작하는 시기나 그때까지의 경험에 따라서도 다르겠지만, 적어도 3시간 정도는 확보해야 할 것입니다.

업무스킬에 관한 것도 마찬가지입니다. 당신이 하루라도 빨리 전문적인 능력을 익혀서 업무역량을 기르는 것을 목표로 정했다고 합시다. 그 목표를 이루기 위해서는 명확한 기준이 필요합니다. 예를 들어, 전산회계운용사 1급 공부를 시작하려 합니다. 그런데 기본 지식이 전혀 없어서 우선 3급 합격을 목표로 정했습니다. 그렇다면 시험에 합격하기 위해서는 하루에 몇 시간 공부해야 하는지를 계산해 보는 것입니다.

인터넷이나 책, 전문학교 팸플릿에는 합격하기까지 대략 얼마만큼의 시간이 필요한지 적혀 있으니 그것을 기준으로 공부 시간을 설정합니다. 물론 이것은 어디까지나 대략적인 기준이기 때문에 과거에 업무 경험이 있는 사람은 자신의 실력을 감안해서 총 공부 시간을 설정해 주세요.

설정한 총 공부 시간이 가령 45시간이고, 시험까지 약

90일이 남았다면, 45시간/90일=30분이므로 합격하기 위해서는 적어도 하루에 30분을 공부해야 합니다. 중간에 쉬는 시간 등도 함께 고려해서 계산해 보면 더욱 좋습니다.

다음으로 적절한 수면 시간을 계산해 보세요. 참고로 제가 설정한 적정 수면 시간은 7시간입니다. 그보다 짧으면 효율이 떨어지고, 그 이상 잠을 자면 오히려 머리가 멍하기 때문에 제게는 7시간이 이상적인 수면 시간입니다. 7시 30분부터 출근 준비를 해야 회사에 늦지 않는다면 그보다 30분 이른 7시에 일어납니다. 그러려면 자정에는 잠에 들어야 합니다. 취침 시간을 정하는 방법은 다음과 같습니다.

1. 목적을 설정한다
2. 목적에 따라 목표를 바꾼다
3. 하루 평균 몇 시간 공부해야 하는지 계산해 본다
4. 최적의 수면 시간을 파악한다
5. 지금까지 일어나던 시간에서 공부 시간을 뺀 시간을 기상 시간으로 정한다

6. 자는 시간을 정한다

앞선 예에 적용해 보면,

1. 하루라도 빨리 전문 능력을 기르고 싶다!

2. 전산회계운용사 3급 합격

3. 30분

4. 7시간

5. 7시 30분-30분 = 7시 기상

6. 밤 12시

이렇게 됩니다. 밤 12시에 자고 아침 7시에 일어난 뒤 30분간 목표를 달성하기 위해 공부를 시작합니다. 그리고 7시 반부터는 뒤도 돌아보지 않고 출근 준비를 하는 것입니다. 말로는 간단하지만 처음에는 분명히 어렵습니다. 그러나 점점 목표와 거리를 좁혀가고 있다는 것이 느껴질 것입니다. 목표를 달성하기 위해 필요한 시간이 길수록 기상 시간이 빨라지고 그에 따라 취침 시간도 달라지겠죠.

계산상으로는 이렇지만, 처음부터 허들을 너무 높게 잡

지 않는 편이 좋습니다. 만일 목표 달성까지 갈 길이 구만 리라고 해서 아직 이른 아침에 일어나는 것도, 금방 공부에 몰입하는 것도 익숙하지 않은데 갑자기 새벽 4시에 일어 나서 3시간씩 공부하기는 쉽지 않습니다.

처음에는 30분만 일찍 일어나 보세요. 일단은 30분부터 시작해서 당신을 바꿔 보세요.

2

루틴이 생기면
여러 가지 목표도 문제없다

저는 아침 시간을 주로 시험 공부를 위해 썼지만 한동안은 독서하는 데만 쓴 적도 있습니다. 과거에 저는 서점에 가서 마음에 드는 책이 있다면 곧바로 충동구매하거나 아마존에서 요즘 화제가 되는 책이라면 묻지도 않고 주문할 때가 많았습니다. 정신을 차리고 보니 읽지 않고 쌓여 있는 책이 무려 300권이나 됐습니다. 산더미 같은 책을 보면서 '나는 책을 많이 읽는 사람이 아니라 책을 사기만 할 줄 아는 사람이구나' 하는 생각이 들었습니다. 그에 스트레스를 느낀 저는 이대로는 안 되겠다 싶어 매일 아침 시간을 독서에도 쓰기로 마음먹었습니다.

1시간 동안 책을 읽으며 중요한 곳은 형광펜으로 칠하고 감명 받은 구절은 노트에 필사했습니다. 그렇게 1년 동안 200권의 책을 독파했습니다. 읽지 않고 쌓아 두었던 책이 매일 줄어드는 데 쾌감을 느꼈습니다. 이때의 독서 경험은 후일에 매년 1권의 페이스로 책을 쓸 수 있는 토대가 되었습니다.

저는 좋아하는 책, 관심 있는 책을 읽었기 때문에 매일 1시간 동안 꾸준히 이어 나갈 수 있었지만, 학술서나 업무에 필요한 책이라면 우선 30분부터 시작하는 것을 추천합니다.

저는 현재 월요일부터 금요일까지는 지극히 평범한 직장인으로서 출퇴근을 하며 일을 하고 있습니다. 처음에는 30분 일찍 일어났지만 지금은 출근 준비 시간보다 2시간 일찍 일어나서 원고나 기사를 쓰고, 독서를 하며 시간을 보냅니다. 앞으로는 매일 매거진이나 블로그에 더 많은 글을 투고하기 위해 아침 시간을 주로 집필하는 데 쓰려고 합니다.

제가 이 모든 일을 저녁에 하려고 했다면 어떻게 됐을까요? 하나라도 제대로 했을까요? 이처럼 저는 회사 일 때문에 피로감을 느끼거나 방해받지 않는 아침 시간을 잘 활용해서 하고 싶은 일들을 이루고 있습니다.

3

충분히 자도 가능하다

우리의 일상에서 잠자는 시간은 깨어 있는 시간만큼이나 중요합니다. 따라서 수면 시간에 대해서도 조금 더 살펴보겠습니다. 당신은 당신의 이상적인 수면 시간을 알고 있나요?

수면 시간에 관한 다음과 같은 실험 데이터가 있습니다. 하루 평균 7~8시간 잠을 자는 건강한 성인 남녀 48명을 대상으로 펜실베니아 대학교와 워싱턴 주립대학교가 진행한 실험입니다. 48명의 성인 남녀를 '3일간 잠을 자지 않고 생활하기', '하루 4시간 자기', '하루 6시간 자기', '하루 8시간 자기'의 네 가지 그룹으로 나눠서 14일간 생활하도록 했습니다.

그 결과, 실험 기간 중에 뇌를 효율적으로 사용한 그룹은 하루 8시간 수면을 취한 그룹뿐이었고, 나머지 그룹은 인지 기능, 주의력, 운동 신경 등이 날이 갈수록 저하되었습니다. 또한, 이 실험에서는 '수면 부족 때문에 능률이 저하돼도 스스로는 깨닫지 못한다'는 흥미로운 결과도 얻었습니다. 즉, '최근 들어 계속 잠을 충분히 못 자는데 생각보다 아무렇지 않다'고 느끼더라도 뇌의 능률은 현저하게 저하되고 있다는 말입니다.

수면 부족은 공부의 효율도 떨어뜨립니다. 졸린 눈을 비비며 애써 공부하는 것보다 실은 잠을 조금 더 많이 자는 편이 더 나은 성과를 가져다줄지도 모른다는 것입니다. 이전에 저 또한 새벽 기상에 관한 책을 읽고 '3시간 수면'에 도전한 적이 있는데 첫 이틀 정도는 버틸 수 있었지만, 3일째부터는 하루 종일 잠이 쏟아져 오후에는 능률이 많이 떨어졌습니다. 타고나기를 잠을 적게 자도 괜찮은 '쇼트 슬리퍼(Short Sleeper)'도 있지만, 이들은 극히 일부에 불과합니다. 대부분은 7시간 이상의 수면이 필요합니다.

여기에서 숙면을 위해 제가 평소에 주의를 기울이는 점들을 소개하겠습니다.

• 퇴근길 지하철에서 자지 않는다

퇴근길 지하철에서 자면 저녁에 깊은 잠에 들 수 없기 때문에 지하철에서는 절대 자지 않으려 합니다. 책을 읽거나 아침에 공부한 내용을 복습하거나 개선합니다.

• 저녁에는 카페인을 섭취하지 않는다

밤에 커피나 홍차 등에 함유된 카페인을 섭취하면 잠들기 어려워집니다. 저는 잠자리에 들기 3시간 전에는 물 외에는 마시지 않습니다.

• 자기 전에 블루라이트에 노출되지 않는다

자기 전에는 휴대전화나 컴퓨터 화면의 블루라이트에

노출되지 않으려 합니다. 또한, 잠들기 30분 전에는 전자 기기를 사용하지 않습니다. 인간의 뇌는 시야가 어두워져야 잠이 들도록 되어 있기 때문입니다.

• 태양광으로 잠에서 깬다

사람은 빛을 쬐고 나서 약 16시간 후에 졸음을 느끼게 된다고 합니다. 즉, 태양광으로 잠에서 깨면 그날 밤 숙면을 취할 수 있습니다. 저는 태양광으로 잠을 깰 수 있도록 커튼을 연 채로 잠에 듭니다.

• 잠을 몰아서 자는 습관을 버린다

저는 휴일에 잠을 몰아서 자지 않습니다. '미리 많이 먹어 두거나 미리 많이 자 둘 순 없다'는 말이 있는데 정말 맞는 말입니다. 잠을 미리 자 두면 생활 리듬이 깨져 잠에 쉽게 들지 못합니다. 저는 휴일에도 평소보다 1시간쯤 더 많이 자고 일어납니다.

모든 것을 받아들일 필요는 없습니다. 할 수 있을 법한 것부터 실천해 보세요. 자신에게 맞는 수면 시간을 확보해서 숙면을 취한다면 우리의 뇌는 완벽한 상태로 아침을 맞이할 수 있습니다.

이상적인 수면 시간은 사람에 따라 그리고 연령에 따라서도 다르기 때문에 자신에게 맞는 수면 시간은 스스로 확인해 볼 수밖에 없습니다. 휴일 아침을 활용해서 몇 시간 자고 일어나야 개운하게 눈을 뜰 수 있는지 실험해 보며 최선의 수면 시간을 찾아보세요.

4

회사가 정한 시간이 아닌
내가 정한 시간에 일어나라

만약 당신이 일찍 일어나는 데 자신이 없다면 한 가지 질문 하겠습니다.

당신은 왜 '그 시간'에 일어나려고 하나요?

출근 시간에서 역산해서 스스로 정한 기상 시간에 억지로 일어나고 있지 않나요? 지금 '스스로 정한'이라고 말했지만, 정말 그 시간은 당신이 정한 것이 맞을까요? **그 시간에 일어나야만 회사에 늦지 않기 때문에 그 시간에 일어나기로 한 것**

이라면, 당신의 기상 시간은 간접적으로 회사가 정한 시간입니다.

뉴스를 진행하는 아나운서가 저녁 뉴스에서 아침 뉴스로 담당이 바뀌었다면 방송 시간에 맞게 일어나는 것처럼, 현재 당신의 기상 시간은 회사에 의해 정해진 '수동적 기상 시간'인 것입니다. 하지만 당신이 눈앞에 놓인 목표를 달성하기 위해, 꿈을 실현시키기 위해 역산해서 정한 기상 시간은 이와는 다릅니다.

회사에 의해 정해진 기상 시간이 '수동적 기상 시간'이라면 꿈을 실현하기 위해 당신이 스스로 정한 기상 시간은 '능동적 기상 시간'입니다.

'자격시험에 합격하기 위해 공부하는 시간으로 정하자!'

'내년 승진 요건을 충족하기 위한 공부를 하는 시간으로 정하자!'

'좋은 리더가 되기 위해 리더십이나 커뮤니케이션에 관한 책을 읽는 시간으로 정하자!'

'이 목표들을 이루기 위해 일찍 일어나자!'

이것이야말로 진정 스스로 정한 기상 시간인 것입니다. 아침 일찍 일어나는 데 자신이 없는 사람들에게는 엄격하게 들릴지 모르지만, 자기 자신을 바꾸고 싶고, 더 뛰어난 사람이 되고 싶다는 강한 의지가 있다면 아무리 일찍 일어나는 데 자신이 없다 해도 분명 일어날 수 있을 것입니다.

저 역시 '이 기획이 책으로 만들어지지 않는다면 내 콘텐츠가 세상의 빛을 볼 기회를 잃는 거야', '더 많은 사람이 내가 쓴 책을 읽고 더 풍족한 삶을 살았으면 좋겠어'라는 목적이 있었기 때문에 아침 5시에 일어날 수 있었습니다.

개인 사업을 하는 사람이나 프리랜서는 아침에 능동적으로 일어납니다. 극단적인 얘기지만, 이런 사람들은 업무와 관련된 외부 일정이 없다면 사실 몇 시까지 자든 상관없습니다. 그런데 오히려 남들보다 더 일찍 일어나서 아침 시간을 활용하거나 헬스장에 가서 땀을 흘리고 나서 하루를 시작한다면, 더할 나위 없이 좋은 능동적 기상입니다.

하루의 첫 결단인 '일어나기'라는 행위를 다른 사람에 의해 정해진 시간에 할 것인지 아니면 스스로 정한 시간에 할 것인지에 따라 인생이 달라질 것 같지 않나요?

개인적으로, 출근 시간에 맞춰 일어나면 왠지 모르게 아침부터 패배한 기분이 듭니다. 누군가에 의해 정해진 시간에 '아직 졸린데', '일어나기 싫은데', '나른하지만 어쩔 수 없으니 그만 일어나야지' 하며 억지로 일어나지 말고 당신의 의지로 일어나 보세요.

'일어난다'는 행위에 대해 당신이 주도권을 쥐는 편이 분명 더 기분 좋을 것입니다. 당신의 인생을 바꾸기 위해 아침 기상 시간을 '능동적으로' 설정해 보세요.

5

시간을 돈으로 산다

강한 의지를 불태워 모처럼 일찍 일어났는데 출근 준비에 모든 시간을 뺏기면 너무 아깝죠. 예를 들어, 매일 아침 '출근 준비 시간'에 불필요하게 5분을 더 썼다고 가정합시다. 혹시 '고작' 5분이라고 생각하셨나요?

하지만 연간 출근일을 250일이라고 가정하면 하루 5분은 1,250분, 20시간이나 됩니다. 무려 하루에 해당하는 시간을 손해 보는 것입니다. 이것이 10년 지속되면 12,500분, 무려 208시간입니다. 너무 아깝지 않나요!

저는 제가 주최하고 있는 '시간 효율 세미나'에서 참가자들에게 종종 이런 말을 합니다.

"시간은 돈으로 사세요!"

출근 준비를 도와주는 사람을 고용하라는 말이 아닙니다. 좋은 제품을 구입하여 출근 준비 시간을 단축하라는 말입니다.

이를테면 면도 시간을 줄여 보세요. 예전에는 호텔을 이용할 때마다 낱장 면도날을 들고 가서 수염을 깎았습니다. 그런데 어느 날 지인에게 5겹짜리 면도날을 선물받아서 사용해 보니 훨씬 빠른 것 아니겠습니까! 속도도 5배 빠를 뿐만 아니라 수염이 남김없이 말끔하게 깎였습니다. 생각해 보면 한 번 피부에 닿을 때 5번 깎을 수 있기 때문에 5배 빠른 게 어찌 보면 당연합니다. 가격이 좀 더 비싸더라도 효율과 쾌적함을 생각하면 싼 것이죠.

또, 샤워 시간도 사용하는 도구를 살짝 바꾸기만 해도 단축할 수 있습니다. 바스 타올 중에는 몇 번을 닦아도 수분이 제대로 흡수되지 않는 소재로 만들어진 타올이 있습니다. 매일 아침 사용하는 물건이니 조금 비싸더라도 수분을 제대로 흡수하는 타올로 바꿔 기분 좋게 시간을 단축해 보세요.

드라이어도 마찬가지입니다. 오래된 여관 같은 곳에서는 종종 도난 방지용으로 코드가 벽에 내장된 드라이어가 구비되어 있습니다. 그런 드라이어는 열량이 낮아서 머리가 잘 마르지 않죠. '아니 이걸 대체 누가 훔쳐간다고 이렇게 달아 둔 거야' 하며 짜증스레 머리를 말린 경험이 다들 있을 겁니다. 집에서 그런 드라이어를 사용하는 사람은 거의 없겠지만, 가격이 저렴하거나 오래된 드라이어 중에는 머리가 잘 마르지 않아 시간을 낭비하게 만드는 것들이 있습니다.

과감하게 나노 케어나 마이너스 이온이 나오는 드라이어를 사 봅시다. 저도 현재 사용하고 있지만 정말 말도 안 되는 속도로 빨리 머리가 마릅니다. 심지어 말리고 난 후에도 머리가 뜨지 않고 찰랑찰랑거려서 처음 사용했을 때에는 정말 크게 감동했습니다. 만약 3만 원짜리와 7만 원짜리 드라이어가 있는데, 7만 원짜리 드라이어가 10분 더 빨리 마른다면 고민하지 말고 그것을 사 보세요.

좋은 제품을 쓰면 기분도 좋고 아침에 세면대에 서 있는 시간을 줄여 줍니다. 불필요한 시간을 낭비하지 않으면 훨씬 여유롭게 아침을 보낼 수 있습니다.

매일 10분을 낭비하시겠습니까? 조금 더 투자해서 매일 10분을 더 쓰시겠습니까? 아침의 골든타임을 1분이라도 더 확보하고 싶다면 답은 명확할 것입니다.

마치 홈쇼핑 광고 같네요. 결코 사치를 부리자는 말이 아닙니다. 저렴한 물건을 사서 돈을 절약하기보다 '쓸데없는 시간을 단축한다'는 장기적인 관점으로 득이 되는 쪽을 선택하자는 말입니다.

자기계발서를 보면 종종 '시간은 소중하다, 시간은 돈으로 살 수 없다' 같은 말들이 보이곤 합니다. 제 생각에는 결코 그렇지 않습니다. 우리가 무심코 낭비하기 쉬운 자투리 시간은 돈으로 살 수 있습니다.

6

하지 않을 일을 정한다

저는 한 달에 한 번 미용실에 가서 머리가 삐죽하게 솟지 않을 정도로 다듬고, 붕붕 뜨지 않도록 펌을 하고 있습니다. 미용실에서 쓰는 돈은 결국 지출이지만 매일 아침의 골든타임을 '출근 준비'라는 생산성이 없는 일에 다 써 버리는 것은 너무 아깝기 때문에 이 방법을 선택했습니다. 물론 미용실에는 평일 퇴근 후에 힘이 다 빠져 집중력이 떨어진 시간대에 갑니다. 또 미용실은 예약을 하고 가기 때문에 그 시간까지 일을 끝내야 한다는 생각으로 서둘러 일을 끝내는 효과도 얻을 수 있습니다.

이렇게 미용실에서 머리 모양을 잡아 놓으면 아침 시간이라는 '집중력이 솟아오르는 시간대'에 머리를 손질하는데 시간을 많이 쓰지 않아도 됩니다. 쓸데없는 시간을 배제하면 출근 준비 시간을 단축할 수 있는 것입니다. 하지 않을 일을 정하면 아침 시간을 확보할 수 있을 뿐만 아니라 회사에서 일을 할 때에도 큰 도움이 됩니다. 불필요한 일들을 줄여 나가면 시간은 훨씬 늘어납니다.

여기에서 갑자기 퀴즈를 내 보겠습니다. 약 70년간 신체검사에서 늘 측정했던 어떤 항목이 2015년에 폐지되었습니다. 어떤 항목일까요?

답은 '앉은키'입니다. 옛날에는 앉은키가 큰 사람은 내장이 건강하다는 사고방식 때문에 측정했다는 이야기를 들은 적이 있는데, 생각해 보면 70년간 그 누구도 '앉은키를 측정하는 데 어떤 의미가 있을까? 이거 슬슬 그만둘까?'라는 말을 꺼내지 않았던 셈입니다.

안 해도 되는 일을 찾아낼 때 가장 큰 방해가 되는 것은 바로 이 '관습'이라는 숨은 방패막이입니다. 이유는 잘 모르지만 지금까지 계속해 왔으니 별다른 생각 없이 지속하는 일이 있다면 '정말로 필요할까?' 하고 의심해 보세요.

건설 회사에는 '원가 계산 보고서'라는 현장 보고서가 있습니다. 제가 다니는 건설 회사에서는 회계 소프트웨어로 집계한 숫자를 굳이 엑셀에 다시 입력한 뒤 컬러 출력해서 임원들에게 돌려 보도록 했습니다. 당시에 갓 이직한 제가 봤을 때에는 왜 굳이 많은 시간을 들여서 '입력 오류가 일어날 수 있는 쓸데없는 서류'를 만드는지 이해할 수 없었습니다. 처음에는 아무 말도 하지 않았지만 반년이 지났을 무렵, 회계 소프트웨어로 출력한 보고서를 그대로 임원들에게 제출해 봤습니다. 1개월, 2개월, 3개월…… 시간이 흘러도 누구 하나 불만을 제기하는 사람은 없었습니다.

다시 말해서, 과거에 어떤 사람이 임원을 배려해서 엑셀로 다시 작성하기 시작했거나 한가했던 누군가가 품을 들여 만들기 시작한 보고서가 어느 순간부터는 시간을 낭비하는 관습으로서 남아 있었던 것입니다.

그 밖에도 '고객 예상 정보'라는 파일이 있었습니다. 거래처가 될 가능성이 있는 예상 고객 정보(회사명, 주소, 전화 번호, 팩스 번호, 메일 주소, 업종, 대표자명 등)가 인쇄된 자료였는데, 거의 20년 이상이나 계속 정리해 오고 있었습니다.

저는 '예상 고객일 뿐인데 이렇게 많은 시간을 들여서까지 정리할 필요는 없지 않을까? 어차피 인터넷상에서 정보를 그대로 베껴 온 것이니 그냥 예상 고객의 홈페이지 등을 인쇄해서 첨부해 두기만 해도 충분할 것 같은데'라고 생각했고, 이 역시 이직 후 반년이 지났을 무렵 회사에 제안을 해서 개선되었습니다.

이런 자료들은 인터넷이 보급되기 이전에 전화나 영업 활동을 통해 얻은 정보를 토대로 작성한 것입니다. 선배의 이야기에 따르면 사무 인원이 너무 많을 때 시간이 남아돌아서 작성한 것이라고 합니다. 하지만 현대는 소수 정예주의입니다. 사원 수도 대폭 줄어들었습니다. 다들 맡은 직무에서 바삐 일을 하는데도 여전히 그런 관습이 남아 있던 것입니다.

당신이 다니는 회사에도 이와 비슷한 사례가 많지 않나요? 늘 회람하는 그 서류, 대청소할 때만 보는 그 파일, 매달 만드는 그 자료, 정말 꼭 필요한가요?

이처럼 회사의 오래된 관습을 발견하고 '없애도 좋은 것'을 찾기 위해서는 다음의 세 가지 요령이 효과적입니다.

• 젊은 사원, 특히 신입사원의 의견에 귀 기울인다

제 회사에는 젊은 사원들의 의견을 들었을 때 '부정부터 하지 않는다'라는 규칙이 있습니다. 아무리 엉뚱한 의견이라도, 명백하게 틀렸다고 생각되는 의견이라도 부정하지 않습니다. 매번 부정당하기만 하면 젊은 사원들은 미팅이나 회의에서 아무 말도 하지 않게 되어 버립니다. 또한, 실현 불가능한 의견이라 해도 그것을 계기로 힌트를 얻어서 새로운 아이디어를 떠올리거나 개선 방법을 발견하는 경우도 있습니다.

• 평소 자기계발서나 '단샤리(斷捨離, 넘치는 물건을 끊고, 불필요한 물건을 버리고, 이를 반복함으로써 물건에 대한 집착에서 벗어나는 것-옮긴이)'에 관한 책을 읽어서 연구한다

스킬과 커리어를 늘리는 것을 목표로 삼은 사람이나 경

영자로서 회사의 업무 방식을 개혁하고 싶은 사람 등은 아침 시간을 활용해서 다양한 책을 읽고 연구함으로써 쓸데 없는 시간을 줄일 수 있습니다.

• 세미나에서 새로운 지식을 얻는다

스스로를 시간 관리 전문가라고 소개하는 이상 저 역시 시간을 내서 이와 관련된 세미나에 참가하고 있습니다. 그곳에서 쓸 만한 콘텐츠를 얻어서 실천합니다. 아침 시간에 관련해서는 윤리 법인 모임이나 기관이 주최하는 '아침 공부 모임'에 참가해서 지식을 쌓고 있습니다.

관습적인 생각에서 벗어나 '하지 않아도 될 일'을 없애고 시간을 단축해서 아침 시간을 확보해 보세요.

7

욕실에서 외치는 세 가지 주문

4장에서는 아침 시간을 확보하기 위한 실천으로서 아침에 일어나서 '출근 준비를 하는 시간'을 어떻게 효율적으로 보낼 것인지에 대해 이야기했습니다. 출근 준비는 심플해야 합니다. 그래야 시간을 확보할 수 있습니다.

출근 준비를 하는 동안 저는 가장 중요한 루틴을 한 가지 더 해내고 있습니다. 그것은 샤워를 하면서 다음의 '세 가지 주문'을 외치는 것입니다.

지금 달성하고자 하는 목표를 외친다

오늘의 계획을 대략적으로 확인한다

'고마워'라고 감사의 말을 한다

그럼 하나씩 자세히 살펴봅시다.

지금 달성하고자 하는 목표를 외친다

당신은 새해에 세운 목표들을 기억하고 있나요? 제가 20대 후반일 때의 일입니다. 정월 첫 참배를 간 저는 그 신사 근처에서 다루마(불교의 한 유파인 선종 개조의 달마의 좌선 모습을 본떠 일본에서 만든 인형이나 장난감-옮긴이)를 샀습니다. 액땜을 위해 30센티미터 정도 되는 다루마를 사 들고 집으로 돌아와서 한쪽 눈을 칠하며 소원을 빌었습니다(시험이나 선거, 장사 번영, 가정의 안전 등 염원을 담아 한쪽 눈을 그리고, 그것이 이루어지면 다른 한쪽 눈을 그려 넣어 얼굴을 완성시킨다-옮긴이).

그런데 그해 연말에 문득 선반 위에 그 다루마를 본 저는 깜짝 놀랐습니다. 대체 제가 무엇을 바라면서 한쪽 눈을 칠했는지 잊어버렸던 것입니다. 이래서는 그 바람이 이루어졌는지 여부를 알 수 없는 것입니다.

사람은 망각의 동물입니다. 목표는 종이에 적고 끊임없이 바라보면서 매일 외치는 것이 중요합니다. 저는 매일 아침 샤워를 할 때 외칩니다.

오늘의 계획을 대략적으로 확인한다

주의할 점은 샤워를 하면서 오늘의 계획을 세우는 것이 아니라는 것입니다. 계획은 하루 전에 세워 두어야 합니다. 아침의 골든타임에 계획을 세우기에는 시간이 아깝습니다. 아침에는 그저 이미 세워져 있는 계획을 다시 확인하고, 실행하고, 미세 조정하기만 합니다. 지금부터 책상에 앉아 목적을 달성하기 위해 목표를 실행하는 당신의 모습을 떠올려 보세요.

'고마워'라고 감사의 말을 한다

이전에 『부자의 행동습관』의 저자 사이토 히토리 씨가 유튜브 영상을 통해 "감사의 말을 하면 운이 좋아진다"는 메시지를 전한 적이 있습니다. 그것을 본 저는 그때부터 샤워를 할 때 감사의 말을 하게 되었습니다. 예를 들면, '오늘도 살아서 눈을 뜰 수 있었습니다, 고맙습니다'라든가 '감사합니다'처럼 일상의 것들에 감사하는 말을 했습니다.

별생각 없이 시작한 일이지만 확실히 감사의 말을 하니 누군가를 원망할 생각이 들지 않고 기분이 좋아져 지금도 계속하고 있습니다. 그러던 중 최근에 정신과 의사인 가바사와 시온 선생님이 매거진에 다음과 같은 말을 적은 것을 보았습니다.

"감사하면 도파민, 세로토닌, 옥시토신, 엔돌핀처럼 뇌에 좋은 신경전달물질이 네 가지나 나옵니다. '고마워'라는 말은 커뮤니케이션을 심화하고 스트레스를 발산시킬 뿐만 아니라 당신의 몸을 건강하게 유지시켜 주는 마법의 말입니다."

정말 지당한 말입니다.

'일본 칭찬 말 카드 협회'의 후지사쿠 도쿠로 씨도 벌써 4년 이상 매일 아침 이불 속에서 다음과 같은 말을 외친다고 합니다.

- 나는 매일매일 모든 면에서 좋아지고 있다

- 나는 자신감이 넘친다

- 나는 행복이 가득하다

- 나는 사랑받고 있다

- 내게는 큰 금전운이 있다

- 내게는 무한한 가능성이 있다

- 나는 성공한다는 것을 안다

- 내게 필요한 것은 딱 맞는 시점에 찾아온다

- 무한한 부가 내 인생에 계속해서 깃든다

- 고맙습니다, 감사합니다

그렇다면 제가 왜 하필 욕실에서 이 세 가지 주문을 외치고 있는 걸까요? 습관이 되지 않은 말을 습관화하기 위해서는, 이미 습관화된 것과 세트를 이루면 되기 때문입니다. 예를 들자면, 이를 닦을 때 속으로 외친다거나 샤워를 하면서 외치는 것입니다. 따로 해야 할 필요 없이 이미 루틴화된 것에 하나만 추가하면 됩니다.

만약 아침에 샤워를 하는 습관이 없다면 이를 닦을 때나 면도할 때, 화장할 때 등등 매일 아침 하는 행동과 함께 '성공을 위한 세 가지 주문'을 외쳐 보세요. 효과는 보장합니다. 속는 셈 치고 실제로 해 보세요.

이번 장에서는 아침의 골든타임을 맞이하기 위한 출근 준비 시간까지 다뤄 보았습니다. 다음 장에서는 아침 시간을 활용하면 좋은 점과 그 효과에 대해 설명합니다.

모닝 루틴 체크리스트

☑ 30분 일찍, 30분 실행! 30분부터 시작하기

☑ 계획에 따른 최적의 수면 시간 찾기

☑ 남이 정한 시간에 따르지 말고 주도적으로 시간

운영하기

☑ 시간을 아낄 수 있다면 비용 지불하기

☑ 습관처럼 해 오던 일에서 숨은 시간 낭비 찾기

☑ 시간이 얼마나 필요할지 역산해 보고 기준 세우기

☑ 오늘 하루 계획은 책상에 앉기 전에 미리 짚어 보고

바로 실행하기

아침은 가장 생산적인 시간이다.

샐리 크로첵

5장

왜 아침인가?
모닝 루틴의 절대적 이점

1

전화나 메일에서 자유롭다

이번 장에서는 아침의 골든타임이 갖는 이점과 효과를 확인해 봅시다. 아침은 하루의 시작입니다. 당신의 에너지 탱크는 가득 차 있습니다. 아침은 집중력이 아직 1밀리미터도 떨어지지 않은 시간입니다. 능률은 눈을 뜬 직후에 가장 높습니다. 의지력도 아침에 가장 높다고 합니다.

잠을 자면 확실히 뇌와 몸이 휴식을 취하고 피로가 가십니다. 악몽을 꾸지 않는 한 일어난 직후에는 뇌를 사용하지 않은 상태죠. 8시간 정도 수면을 취했다고 했다고 가정해 볼까요? 보통 우리가 8시간 정도 시간을 쓰는 일이 무엇이 있을까요? 통상적으로 직장에서 우리가 보내는 시간이 그 정도 됩니다. 고된 업무에 시달린 시간만큼이나 휴식을 취하는 셈이니 머릿속이 정리되어 아침에는 가장 활발하게 활동할 수 있습니다.

자, 이런 상황 속에 있는 뇌를 활용하지 않기에는 너무 아깝습니다. 심지어 회사에서 일하는 사람에게 아침 시간은 최고의 효용을 가져다줍니다. 바로, 아침에는 세 가지 방해물이 없다는 점 때문입니다.

세 가지 방해물이란 '전화', '메일', 그리고 '말을 거는 동료'입니다.

아침에는 정말 급한 일이 아니고서야 누군가에게 전화가 오지도, 메일이 오지도, 부하나 상사가 말을 걸지도 않습니다. 아침 시간 외에는 그런 환경을 만들기가 어렵습니다. 메일, 메신저, SNS 알림, 부하의 상담, 상사의 지시······ 드디어 집중하기 시작했더니 이번엔 전화가 울립니다. 도무지 한 가지에 집중할 수 있는 환경이 아닙니다. **아침에는 이 모든 잡음을 차단할 수 있습니다.** 어쩌면 '메일

확인하는 데 1분이면 되는데 방해가 될까?' 생각할지도 모릅니다. 아닙니다. 시간이 길고 짧고의 문제가 아니라 집중력이 끊기는 것이 문제입니다. 한번 끊긴 집중력을 되돌리기란 쉽지 않습니다.

그런데 회사는 하루 종일 전화와 메일이 오고, 동료가 말을 거는 등 집중력을 끊는 요소가 넘쳐납니다. 하지만 그 자체가 나쁘다는 말은 아닙니다. 마음이 쓰이는 전화나 곧바로 회신해야 하는 메일도 있을 테니 말입니다.

여담이지만, 저희 팀은 오전 중에 멤버들이 집중할 수 있도록 전화는 돌아가면서 한 사람이 전부 받고 있습니다. 나머지 4명은 자신에게 전화가 와도 나중에 모아서 한꺼번에 회신 전화는 거는 식입니다. 고객 응대도 마찬가지입니다. 돌아가면서 한 사람이 전담해서 다른 멤버들은 눈앞의 일에 집중할 수 있게 합니다. 또한, 제목을 보고 급하지 않은 메일은 나중에 한꺼번에 회신하는 것이 규칙입니다.

오전 중에 받은 전화나 메일에 대한 회신은 점심 식사 후 집중력이 떨어져 잠이 오는 시간에 한번에 처리합니다.

아침에 미팅을 하면 부하 직원들과의 커뮤니케이션도

수월해집니다. 오전 중에는 세세한 질문은 하지 않고, 서로 말을 거는 시간도 정해 두었습니다. 이 정도의 규칙을 정해 두지 않으면 사무실에서 집중력을 지속하기가 어렸습니다.

아침의 골든타임에는 아무런 노력을 하지 않아도 전화나 메일에서 자유로워질 수 있고, 다른 사람이 말을 걸지도 않습니다. 정말로 대단한 시간, 그것이 바로 아침 시간인 것입니다.

2

자연스럽게 '기한'이 설정된다

저는 '시간 관리'를 주제로 짧게는 1시간, 길게는 6시간 분량으로 세미나를 열고 있습니다. 만약 어떤 사정으로 주최자가 '세미나를 3분 내에 끝내 주세요'라고 한다면, 실제로 그럴 일은 없겠지만 주저 없이 '기한 설정'에 대해 이야기합니다. **기한'에는 사람을 집중시키는 불가사의한 힘이 숨어 있습니다. 분명 누구나 경험한 적이 있을 것입니다.**

3일 후까지 만들면 되는 보고서

6시간 후에 제출해야 하는 고객을 위한 기획서

1시간 후까지 완성해야 되는 이사회 자료

이 세 가지 서류를 똑같은 방식으로 만들 순 없을 것입니다. 기한에 맞춰 완성하기 위해 그에 적합한 방식으로 만들 것입니다.

영국의 역사학자이자 정치학자인 시릴 노스코트 파킨슨(Cyril N. Parkinson)이 1958년 제창한 '파킨슨의 법칙' 그 첫 번째는 '일의 양은 주어진 시간을 꽉 채울 때까지 팽창한다'입니다. 사람은 2시간으로 예정된 회의에 참가하면 쓸데없는 이야기를 해서라도 2시간을 채우고 싶어 하고, 열심히 하면 10일 만에도 끝낼 수 있는 방학 숙제는 개학일 직전까지 시간을 들여서 하려고 한다는 것입니다. 다시 말해 사람은 어째서인지 주어진 시간을 전부 채울 때까지 일을 끝내지 않으려 한다는 법칙입니다.

반대로, 기한이 짧으면 '어떻게 해야 기한에 맞출 수 있을까'를 생각합니다. 즉, 기한이 짧으면 짧을수록 열심히 하는데, 극단적으로 말하자면 기한을 엄격하게 정하면 어떻게든 그에 맞춰서 완성할 수 있다는 것이죠. 저는 이 법칙을 몸소 체험하고 나서 부하에게는 조금 더 엄격하게 기한을 정하고 일을 지시하려고 합니다. 그랬더니 부하 직원들이 급한 일이 없는 한 모두 합격점을 줄 수 있을 정도의 퀄리티로 서류나 기획서를 기한 내에 제출해 주었습니다.

여러 작가들도 "우수한 편집자와 기한이 없었다면 책은 쓸 수 없었을 것"이라고 말합니다. 걸출한 작가들과 어깨를 나란히 할 순 없지만 저 역시 마감이라는 기한 덕분에 8~10만 자나 되는 책을 쓸 수 있었습니다.

'기한이 갖는 힘'을 알 수 있는 예를 하나 더 들어보겠습니다. 초등학생에게는 '정리해!', '청소해!' 하고 아무리 소리를 쳐도 좀처럼 말을 잘 듣지 않죠. 그럴 때 주방용 타이머를 한 손에 들고 이렇게 말해 보세요.

"그럼 이 타이머가 울릴 때까지 정리해 보자! 자, 시작!"

타이머는 정리가 간신히 끝날 정도의 시간으로 세팅합니다. 그 말을 들은 아이는 게임을 하듯 어떻게든 시간 내에 청소를 끝내려고 거짓말처럼 정리를 시작합니다. 만약 나이 터울이 적은 형제를 서로 경쟁하게 만들면 더 효과적입니다. 지지 않으려고 앞다투어 정리를 시작합니다. 아이들을 움직이게 하는 일이 얼마나 힘든지 아실 겁니다. 이것이 바로 '기한'이 갖는 강력한 힘입니다.

어른도 마찬가지입니다. 청소를 한다는 명확한 목표가 있어도 다른 데 흥미가 생기거나 나른하거나 의욕이 없으면 움직이지 않습니다. 하지만 강력한 기한이 생기면 사람은 움직입니다. '30분 후에 여자친구가 처음으로 집에 놀러온다'는 말을 들으면 누구나 맹렬한 속도로 청소를 시작하겠죠.

아침의 골든타임에는 '출근 준비 시간까지'라는 궁극의 기한이 있습니다. 회사 근처 카페에 들러 아침 시간을 활용한다면 '지각하지 않게 회사에 들어가기'가 기한이 됩니다. 회사에 지각했는데 "오늘은 아침 5시부터 일어나 있었어요", "2시간 전에 이미 회사 근처에 와 있었어요" 같은 변명은 당연히 통하지 않을 것입니다. 기한은 반드시 지켜야 합니다. 아침 시간 활용을 시작하고자 한다면 '출근 시간까지 끝내야겠다'는 '궁극의 기한'을 정해 두세요.

3

시간을 밀도 있게 쓸 수 있다

여러분은 아침에 일어나서 무엇을 먼저 하시나요? 평소 아무런 목적도 없고, 회사에 지각하지 않는 것을 목표로 기상 시간을 정하는 사람은 일어나면 우선 TV를 켭니다. 그다음에는 '파킨슨의 법칙'처럼 시간을 꽉 채워서 느긋하게 이를 닦고, 샤워를 하고, 뉴스를 보면서 아침 식사를 합니다. 예전에 제가 정말 그랬습니다.

목적이 있는 사람은 아침에 일어나서 느긋하게 시간을 보내는 법이 없습니다. 분명하게 무언가를 하지 않는 이상, 어영부영 시간을 보낼 바에는 잠을 더 자는 게 낫기 때문입니다.

아침 시간은 보통의 사람들과는 다른 것을 하기 때문에 더 가치가 있습니다. 아침의 골든타임은 목적을 달성하기 위한 '가치 있는 시간'에 사용하면 진가를 발휘합니다. 당신이 주어진 시간을 밀도 있게 사용하고 다른 사람들보다도 인생의 아웃풋을 빨리 이끌어 낼 수 있게 해 줍니다.

혹시 '이 사람은 도저히 이길 재간이 없다', '이 사람처럼 되고 싶다'고 생각하는 사람이 있나요? 만약 있다면 그 존경하는 선배나 상사의 얼굴을 떠올려 보세요. 그 사람을 따라가고 싶고, 따라잡고 싶다면 그 사람보다 시간을 더 밀도 있게 사용해야 합니다. 그렇지 않으면 평생 따라잡을 수 없을 것입니다. 낮 시간 동안에는 똑같이 바쁘게 일하기 때문에 그 사람을 따라잡을 수 있는 시간은 아침 시간밖에 남지 않았습니다.

저는 앞서 이야기한 것처럼 이직한 건설 회사에 입사해서 1년이 채 되지 않아 과장으로 승진했습니다. 1년 미만에 과장 승진은 창립 이래 최단 기록이라고 합니다. 그것이 가능했던 이유는 아침 시간을 활용해서 시간을 밀도 있게 사용했기 때문입니다.

제가 그 1년이 채 안 되는 시간 동안 주로 한 일은 다음의 두 가지입니다.

• 회사에 대해서 공부했다

일단 저는 이직한 회사의 모든 자료를 빠짐없이 읽어 보았습니다. 회사의 분위기, 사용하는 회계 소프트웨어의 종류, 회계 방식 등을 차례차례 공부한 것입니다. 나아가, 지금까지 사용해 본 적 없는 건설용 컴퓨터 소프트웨어나 신형 건출지 등의 매뉴얼을 닥치는 대로 읽고 회사에 있는 것은 뭐든 회사에서 제일 잘 다루는 달인이 되고자 했습니다.

• 상사나 선배가 읽던 책을 모조리 읽었다

상사나 선배가 읽던 책의 제목을 메모해 두었다가 구입

해서 모조리 읽었습니다. 중요한 부분에 밑줄을 긋고 제 말로 다시 옮겨 적으며, 사고방식을 마스터하기로 했습니다. 그리고 회의나 미팅, 술자리에서 그 책에 담긴 저자의 사고방식으로 말해서 상사나 선배를 놀라게 했습니다. 놀랄 만도 하죠! 자신이 좋아서 산 책의 저자와 똑같은 생각을 가진 녀석이 눈앞에 있는 셈이니까요.

이렇게 저는 아침 시간에 '다른 사람이 하지 않는 일'을 해서 회사에서 신뢰를 얻을 수 있었습니다. 원래는 더 빨리 스킬을 길러 회사에 공헌하려고 시작한 일이었지만, 주변에서 저를 찾는 사람들이 많아지면서 과장으로 승진할 수 있었습니다.

상사나 선배가 읽던 토목건축 관련 도서나 학술서를 읽는 것은 전공자도 아닌 제게 꽤 힘든 일이었습니다. 머리에 잘 들어오지 않아서 소리를 내서 읽어 보기도 하고, 그림과 표를 그려 정리해 보기도 하고, 때로는 책을 바꿔서 읽어 보기도 하고…… 생각해 보면 그렇게 고생할 필요 없이 모르는 부분에 대해서는 선배에게 질문했다면 어땠을까 하는 아쉬움이 있습니다. 더 쉽고 빠르게 이해할 수 있고, 선배도 기뻐했을 테니까요. 이것을 깨달은 건 시간이 한참 지난 다음의 일이었습니다.

한마디 더 보태자면 입사 후 1년간은 모든 선배와 더 깊게 커뮤니케이션하기 위해 야근을 마다하지 않았고, 술자리나 접대 자리에는 100퍼센트 참가하기로 마음먹었습니다. 그런 와중에도 계획대로 공부를 하기 위해 제가 활용할 수 있는 시간은 아침 시간뿐이었던 것입니다.

4

가족과 시간을 보낼 수 있다

고된 업무를 마치고 밤 늦게 퇴근한 직장인들은 다음 날 아침 회사에 늦지 않을 시간까지 늦잠을 잡니다. 늦은 밤 집에 돌아오면 가족은 잠들어 있고, 아침에 일어나면 출근하기 바쁩니다. 이처럼 매번 엇갈리는 가족은 꽤 많지 않을까요?

사실 아침 골든타임의 중요성을 깨닫기 전에는 저 역시 그랬습니다. 야근 후 밤이 되면 '차라리 회사에 남아서 자격시험 공부를 해야지. 밤 12시까지는 집에 돌아가지 않겠어!' 하고 멋대로 결심하고 공부했습니다. 앞서 이야기했 듯이 아침 7시에 일어나는 사람은 저녁 7~8시가 맑은 정 신으로 일할 수 있는 한계점입니다. 밤 10시 이후에는 술 을 마시면서 작업을 하는 것과 똑같습니다.

그런 사실을 몰랐던 저는 저녁 7시까지 야근한 후 혼자 서 무알콜 맥주를 마시며 저녁 식사를 했습니다. 그리고 저녁 8시부터 공부를 시작했습니다. 맑은 정신으로 일할 수 있는 한계점부터 공부를 시작한 셈이니, 아무리 4시간 씩 책상에 앉아 있어도 공부가 잘 될 리가 없었습니다.

15분 공부하고는 인터넷 서핑을 하고, 또 15분 공부하 고는 신문을 읽는 헛된 시간의 반복. 집중을 전혀 못 하는 것이죠. 지금처럼 페이스북이나 카카오톡 같은 게 있었다 면 공부가 더 안 됐을 것입니다. 체감상으로는 밤에 90분 공부하는 것과 이른 아침 30분 공부하는 것이 똑같습니다. 아니 그 이상의 차이입니다.

밤 시간을 90분 쓸 바에는 아침에 30분 더 일찍 일어나서 공부하는 편이 훨씬 효과적입니다. 제가 보장합니다. 야근 도 마찬가지입니다. 요령 없이 늦게까지 야근할 바에는 아 침 일찍 회사에 나가서 일을 시작하는 편이 낫습니다.

이번에는 가족과의 커뮤니케이션에 대해 이야기해 보겠습니다. 과거의 저처럼 밤에 일을 마친 후 회사에 4시간씩 남아서 공부하는 바보 같은 짓을 한다면 가족과 소통할 시간은 계속 없습니다. 밤 늦게 귀가하면 다음 날 아침에는 어제 쌓인 피로 때문에 회사에 지각하지 않을 만큼 늦잠을 자기 때문에 저녁 시간도, 아침 시간도 아웃. 수면 부족 상태로 회사에 가기 때문에 능률도 아웃입니다.

하지만 공부하는 시간을 밤에서 아침으로 바꾸고 나서는 능률이 올랐습니다. 야근도 하지 않아서 가족과 함께 하는 시간을 확보하는 동시에 목표도 달성할 수 있었습니다. 저희 집에는 '아침에는 절대로 화를 내지 않는다'는 규칙이 있습니다. 늦은 밤 퇴근한 탓에 피곤하다면 평소라면 화를 내지 않을 일에도 자신도 모르게 화를 내기 쉽기 때문에 만든 규칙입니다. 이제는 공부를 밤이 아니라 아침에 해서 하루를 쾌적하게 시작하니 규칙을 내세울 일이 없습니다.

아침에 일찍 일어나면 골든타임을 활용할 수 있을 뿐만 아니라 소중한 가족과의 시간을 확보할 수 있고, 상쾌한 기분으로 하루를 보낼 수 있습니다.

5

여유와 리듬을 얻는다

모의시험이라면 그나마 다행이지만 본 시험에 늦는 수험생들이 있습니다. 지각은 고작 1분이라 해도 결과는 비참합니다. 헐레벌떡 시험장에 들어와서 연신 굽신거리며 자신의 자리를 찾아 앉습니다. 이미 준비를 마친 사람들의 눈초리를 받으며 '죄송합니다, 죄송합니다' 하며 자리에 앉습니다.

사람은 고작 1분만 늦어도 마음의 여유를 잃습니다. 아무리 시험에 합격할 자신이 있다 해도 멘탈이 적잖이 강하지 않으면 페이스 조절이 어렵습니다.

하지만 그 반대의 경우라면 어떨까요? 실제로는 있을 수 없는 일이지만 만약 시험에서 당신만이 주변 수험생보다 1분 먼저 시험을 보기 시작했다면?

심호흡을 하고, 바닥을 향하고 있던 답안지를 뒤집어 모든 문제를 훑어보고, 어떤 문제부터 풀지 순서를 생각할 수 있습니다. 하지만 아직 다른 수험생은 시작조차 못 했습니다. 이것만으로도 당신은 마음에 꽤 큰 여유가 생깁니다.

이제 아침으로 바꿔 생각해 본다면 어떨까요? **아침 일찍 일어나서 아침 시간을 활용하면 이처럼 마음에 여유가 생깁니다. 스스로 정한 이른 시간에 일어나 왕처럼 시간을 사용할 수 있습니다.** 지금까지 '시끄럽다'고 생각했던 새의 지저귐이 우아하게 들립니다. 아침 일찍 일어나면 마음에 그런 여유도 생기는 것입니다.

한 가지 더. 매일 자신이 정한 시간에 일어나면 생활의 리듬도 생깁니다. 매일 다른 시간에 자서 다른 시간에 일어나는 사람들이 있습니다. 밤을 샌 다음 날은 일찍 자고, 일찍 일어나고, 다음 날은 또 밤을 새는 악순환 때문에 수면 시간에 대중이 없습니다. 이래서는 생활에 리듬이 생기지 않습니다. 깨어 있는 시간에 최고의 퍼포먼스를 발휘할 수도 없습니다.

매일 밤 11시에 잠들기로 마음먹었다면 늦게까지 술을 마실 일도 없고, 늦은 밤까지 TV를 볼 일도 없습니다. 그 대신 여유와 리듬을 얻어서 아침의 골든타임에 공부를 하거나, 책을 읽거나, 가족에게 충실한 시간을 보낼 수 있는 것입니다.

6

넘치는 자신감으로 무엇이든 이룬다

아침 시간 활용을 작심삼일로 끝내지 않고 매일 지속하면
자신감이 생깁니다.

제가 과거에 10킬로그램 다이어트에 성공했을 때의 일
입니다. 당시 상사에게 "몸무게를 10킬로그램 빼면 담배도
끊을 수 있다"는 말을 들었습니다. 하지만 당시의 저는 하
루에 두 갑을 피우는 헤비 스모커였습니다. 이렇게나 좋아
하는 담배를 끊어야 한다니 도저히 있을 수 없는 일이라고

생각했습니다.

그런데 막상 10킬로그램을 빼는 데 성공하고 나니 그 좋아하던 빵이나 우동 같은 탄수화물을 참아냈는데 담배도 못 끊을 게 없다는 자신감이 생겼습니다. 그래서 우선 타르의 양을 서서히 줄이고, 그다음으로 담배 브랜드의 종수를 줄이고, 마지막에는 담배 개비 수를 줄여 나갔습니다. 그렇게 완전히 금연하는 데 성공해서 벌써 10년 차에 접어들었습니다.

절대 그만둘 수 없다고 생각했는데 다이어트를 지속할 수 있었고 목표를 달성했다는 것에 자신감이 생겨 담배도 끊을 수 있었던 것입니다. 무언가 하나를 지속하면 자신감이 생깁니다. 그리고 다른 일도 계속할 수 있게 됩니다. 말 그대로 '계속하는 것이 힘이 된다'고 할 수 있죠. 일찍 일어나는 습관을 들이면 그야말로 이 말을 있는 그대로 실천할 수 있습니다.

다만 금연을 했다고 해서 모든 게 갑자기 달라지는 건 아닙니다. 고작 1~2주간 영어 공부를 했다고 해서 갑자기 영어가 술술 나오지는 않죠. 이걸 이해하지 못하면 '계속하는 데 달라지는 게 없다'며 변화가 없는 자신에게 질리거나 실망해서 그만두는 '안타까운 사람'이 됩니다.

2주에 한 번 헬스장에서 PT를 받았을 당시 트레이너에게 "너무 우락부락해지고 싶지 않아요"라고 말한 적이 있습니다. 그러자 트레이너가 실소를 터뜨리며 이렇게 말했습니다.

"이 정도로 운동해서는 절대 우락부락해지지 않으니까 걱정마세요."

그렇습니다. 2주에 한 번 운동하는 것으로는 우락부락해질 만큼 근육이 붙지 않습니다. 매일 꾸준히 해야만 스스로 느낄 수 있는 변화가 생기고, 주변 사람이 알아차리고, 가슴에 근육이 붙고, 뱃살도 들어가는 것입니다. 매일 꾸준히 지속하지 않으면 변화는 일어나지 않습니다! 자격증이나 공인 시험은 합격이라는 형태로 성과가 나오지만, 동시통역을 할 수 있을 정도의 어학 능력처럼 난이도가 높은 것들은 오래 지속해야 성과가 나타나는 법입니다.

"코쓰 코쓰 카쓰 코쓰(コツコツカツコツ, 꾸준히 하면 성공한다. 꾸준히)."

저는 어떤 일을 지속하는 데 어려움을 느낄 때 이 말을 외칩니다. 어감도 좋고 정말이지 고개가 끄덕여지는 말입니다.

7

아침 시간과 밤 시간의 놀라운 차이

이번 장에서는 아침의 골든타임이 갖는 이점이나 효과를 확인해 보았습니다. 어떠셨나요? 아침 시간을 활용하면 생기는 이점과 효과는 정말 굉장하죠.

시간 관리 컨설턴트로 일하다 보면 고객들에게 이런 말을 들을 때가 있습니다.

"목표를 달성하기 위해 2시간이 필요하다면 귀가 후 2시간이든 아침 2시간이든 똑같지 않나요?"

분명 시간은 똑같습니다. 그러나 시간의 밀도는 완전히 다릅니다! 시간은 길이보다 깊이가 중요합니다. 물론, 내일 아침 9시까지 완성해야 하는 제안서가 있다거나 내일 밤까지 끝내야 하는 공사를 해야 하는 경우라면 밤 시간의 밀도가 높아질 수도 있습니다. 하지만 그건 기한이 임박했기 때문이죠. 녹초가 된 몸을 채찍질해서 하는 일입니다.

강제로 할 일을 욱여넣기만 할 뿐이지, 결코 충실하고 밀도 높은 시간이라고 할 수 없습니다. 오래 지속하지도 못합니다. **밤은 아직 시간이 많다는 생각에 느긋하게 시간을 보내기 쉽습니다. 아침은 출근 전까지 시간이 한정돼 있다는 생각 때문에 밀도 높게 보낼 수 있습니다.**

밤에는 무의식적으로 TV를 켜고 자신도 모르게 계속 보게 됩니다. 아침에는 시간이 아까워서 TV를 켜지 않습니다. 설령 켜더라도 볼 수 있는 시간은 출근 전까지로 제한됩니다. 밤 시간은 '일을 해 보자!'고 마음먹어도 그간 쌓인 메시지에 답장을 하거나 잠깐 수다를 떨면 순식간에 흘러갑니다. 아침에는 목표 달성을 위한 활동을 하는 동안 메일이나 메신저 때문에 집중력이 끊길 일이 없습니다.

밤에는 저녁 식사를 마친 후 만복중추가 자극을 받아 잠이 옵니다. 아침에는 밥을 먹었다 해도 졸리지 않습니다. 밤에는 일을 하고 난 다음이라 몸이 지쳐 집중력이 떨어져 있습니다. 아침은 집중력이 넘치는 시간입니다.

밤은 외박하고 이튿날 집에 돌아오면 혼이 납니다. 아침에는 아무리 빨리 일어나도 혼나지 않습니다.

이 책을 여기까지 읽은 당신은 어서 아침 시간을 활용하고 싶을 것입니다. 그럼 다음 장에서는 안 그래도 훌륭한 아침 시간을 더 충실하게 보내는 테크닉에 대해 설명해 보겠습니다.

미래를 예측할 수 있는 가장 좋은 방법은
그것을 스스로 만드는 것이다.

앨런 케이

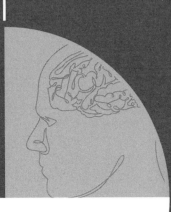

6장

밤 시간보다
4배 더 효율적인 아침 시간

1

루틴부터 시작한다

이번 장에서는 아침의 골든타임을 더 충실하게 보내기 위한 테크닉에 대해 이야기합니다. 첫 번째 테크닉은 **'루틴부터 시작하는 것'**입니다. 예를 들어, 당신이 아침의 골든타임을 활용해 이루고자 했던 목표가 '자격시험 합격'이라면 한 가지 주의해야 할 점이 있습니다. 시작부터 갑자기 난이도가 높은 문제에 손을 대선 안 된다는 점입니다. 만약 그 전날 어려운 문제 직전에서 공부를 끝냈다 해도 '오늘은 어제 했던 데부터 해야 하니까 여기부터' 하며 아침 일찍부터 너무 어려운 문제를 풀어선 안 됩니다.

머릿속 엔진이 미처 가동되기 전에 갑자기 난이도가 높은 문제부터 시작하면 잘 풀지 못하거나 이해하는 데 시간이 많이 걸려 의욕도 떨어지고 좌절감을 맛볼 가능성이 있습니다. 저도 예전에 '아, 진짜 모르겠어!' 하고 화를 내며 이불 속으로 돌아간 적이 몇 번 있습니다. 어떤 스포츠든 처음에는 워밍업부터 시작하죠. 마찬가지로 우선은 준비 운동 삼아 기초적인 부분부터 시작해 보세요.

자격시험 수험서라면 빨간색으로 밑줄을 그은 곳을 녹색 필름으로 가리고 풀어 나가 보고, 어학 공부라면 이전에 외운 단어를 다시 확인해 보는 식으로 말입니다.

제가 회계사 시험 공부를 했을 당시 아침에는 늘 오답 노트를 3장만 확인한 후 그날 공부하려고 계획했던 범위를 공부했습니다. 오답 노트를 다시 들여다보는 것을 이른바 그날 공부를 시작하기 전에 하는 루틴으로 삼았던 것입니다. 프로 야구선수도 타석에 서기 전에 집중력을 높이기 위한 루틴으로서 이리저리 몸을 움직이곤 하죠. 그렇게 오답노트로 두뇌를 깨우고 회전시키기 시작하면 집중력이 올라갑니다. 그때 난이도 높은 문제나 자신 없는 문제에 도전해 보면 좋습니다.

여담이지만 이 '루틴부터 시작하기'는 어쩔 수 없이 밤에 공부해야 할 때에도 효과적입니다. 아침과 달리 밤에는 몸이 지쳐 있고 유혹도 많습니다. '공부할 기분이 안 나니까 일단 옷을 갈아입자', '목욕하고 나서 해야지', 'TV를 1시간만 보고 나서 해야겠어', '맥주를 한 잔만 마시고 하자'처럼 여러 가지 생각이 들어 공부의 첫걸음을 떼기가 쉽지 않습니다.

그럴 때야말로 루틴부터 시작해야 합니다. 스포츠 선수가 시합 전에 워밍업을 하듯이 아침 시간을 활용해 보세요. 교재를 펼쳐서 1장만 읽든, 쉬운 문제를 한 문제만 풀든, 오답 노트를 보든 상관없습니다. 일단 시작하기만 하면 희한한 일이 일어납니다! 당신도 모르게 계속하고 싶어집니다. 아침의 골든타임을 더 충실하게 보내기 위한 테크닉. '루틴부터 시작한다'를 기억하세요.

2

할 일만 꺼내 둔다

시간 관리 컨설팅 일을 할 때 고객의 직장에 가면 가장 먼저 눈에 들어오는 것은 어지러운 책상입니다. 그래서 저는 늘 "우선 책상 위를 정리해 주세요"라고 말합니다. 책상 위가 지저분하면 왜 효율적이지 못한 걸까요? 답은 간단합니다. 정리 정돈이 되어 있지 않으면 자꾸만 물건을 찾게 되기 때문입니다. 물건을 찾는 데 드는 시간은 생산성이 전혀 없습니다.

어느 회사의 조사에 따르면 직장인은 1년에 150시간이나 되는 시간을 물건을 찾는 데 쓴다고 합니다. 1년에 150 시간이라는 말은 출근 일수가 250일이라고 치면, 하루에 36분이나 됩니다. 이것은 어디까지나 평균이기 때문에 책상 위가 지저분한 사람은 매일 더 긴 시간을 들여 부지런히 물건을 찾는다는 말이 됩니다.

시간뿐만이 아닙니다. 물건을 찾는 죄가 무거운 이유는 집중력이 끊어지기 때문입니다. 집중해서 일을 하고 있는데 필기도구가 보이지 않거나 스테이플러 심이 떨어졌거나 제안서를 작성하는 데 필요한 자료가 보이지 않거나…… 그럼 당연히 집중력이 끊기기 마련이죠.

더 큰 문제는 책상 위가 복잡하면 눈앞의 일에 집중할 수 없다는 점입니다. 전에 제 책상 위에는 늘 처리해야 하는 교통비 영수증, 저녁 무렵까지 제출해야 하는 만들다 만 기획서, 내일 고객에게 전달해야 하는 제안서와 금액을 입력하기 전의 견적서, 다음 사람에게 넘겨야만 하는 회람 서류, 계산기와 대량의 펜이 꽂힌 필통과 먹다가 만 과자 봉지까지 있었습니다.

정리를 해 보자 해도 어디부터 손을 대야 좋을지 몰라 저도 모르게 땅콩이 든 과자 봉지에서 땅콩을 꺼내 먹는 것부터 시작합니다. 이런 상황에서는 도무지 집중할 수가 없죠.

정리 정돈을 하지 않으면 물건을 잃어버릴 가능성도 높습니다. 통화 중에 다른 사원에게 전달해야 할 내용을 메모해야 하는데 메모지를 바로 찾지 못해서 결국 난잡하게 놓인 서류 뒷면에 메모를 했다고 가정합시다.

그럼 나중에 어떤 서류에 적었는지 몰라서 한참을 찾아야 하거나 그 길로 잃어버리거나, 아니면 겨우 찾았는데 고객에게 보내야 할 서류 뒷면에 볼펜으로 메모가 되어 있어 다시 만들어야 하거나. 쓸데없는 시간만 점점 늘어갑니다.

이러한 이유로, 아침 시간에 공부 효율을 높이는 테크닉 그 두 번째는 **'책상 위에는 지금 해야 할 일만 꺼내 두기'입니다.**

저는 기본적으로 지금 하고 있는 일과 관련된 서류만 책상 위에 두기로 했습니다. 그 일에만 집중하기 위해서입니다. 책상 위에 한 가지 일만 올려 두면 그 일에만 집중할 수 있습니다. 그래서 제 책상 위에는 노트북과 휴대전화만 있습니다. 필통도, 서류함도, 티슈 케이스도, 과자 봉지도 물론 없습니다.

'책상 위에는 해야 할 일을 하나만 꺼내 둔다'고 말했는데, 회사 근처 카페에서 공부를 할 때도 마찬가지입니다. 카페 테이블 위에 이런저런 할 일을 늘어놓으면 지금 하고 있는 일에 집중할 수 없기 때문입니다. 그리고 서류에 커피를 쏟아 버릴 가능성도 있습니다.

3

책상 위는 정리하지 않는다

아침 시간 활용 효율을 높이기 위한 테크닉, 그 세 번째는 **'책상 위는 정리하지 않는다'**입니다. 앞에서 방금 정리 정돈을 잘하라고 하더니 이번엔 정리를 하지 말라니 대체 무슨 말인가 싶으실 겁니다. 말하자면 이런 것입니다.

만약 집에 책상이 있다면 책상 위는 늘 어제 사용한 그대로 두어도 좋다는 말입니다. 다시 말해서, 그날 아침 책상 위에서 공부를 끝낼 때마다 책상 위를 정리하지 않아도 좋다는 말입니다. 정리하지 않으면 다음 날 아침, 하루 전 공부했을 때의 마지막 상태 그대로인 책상에 앉기만 하면 되기 때문에 준비하는 데 필요한 시간을 절약할 수 있습니다.

인간은 준비하기를 참 귀찮아하는 동물이죠. 저는 예전에 헬스장을 3개월도 다니지 못하고 그만둔 적이 있습니다. 헬스장에서 착용한 운동복이나 타월을 세탁해서 그다음을 대비하는 게 여간 귀찮은 일이 아니었습니다. 헬스장에 가기만 하면 저절로 운동하게 되는데, 주차장에 차를 세우고 헬스장까지 걸어가는 게 너무 귀찮았습니다. 헬스장에서 운동하는 것 자체는 즐겁지만, 그곳에 가기 전에 미리 준비하는 과정이 귀찮아져서 어느새 잘 안 가게 된 것입니다.

지금 다니고 있는 헬스장은 운동복과 수건이 전부 구비되어 있어서 제가 준비해 가는 것은 신발뿐입니다. 주차장도 있고 6시간이나 무료입니다. 어쨌든 가기만 하면 되기 때문에 별다른 품도 안 듭니다. 덕분에 아직도 계속 다니고 있습니다. 품이 안 들면 사람은 지속할 수 있습니다.

책상 앞에 앉을 때도 마찬가지입니다. 어제 하던 공부를 이어서 하기 위해 책을 다시 펴는 것, 그 작은 수고가 귀

찮고 시간 낭비처럼 느껴지기도 합니다. 어제에 이어 공부
한다면 책상 위를 정리하지 말고 그대로 두세요. 그럼 다
음 날 아침에 곧바로 이어서 공부를 시작할 수 있을 것입
니다.

4

다동력을 사용한다

묵독해서 외우기

소리 내서 외우기

쓰면서 외우기

오디오북 등을 활용해 들으면서 외우기

이처럼 암기 방법은 참 다양합니다. 그런데 암기를 할 때 한 가지 동작을 하며 외우기보다는 둘 이상의 동작을 결합하면 더 쉽게 기억이 정착된다고 합니다. 생각해 보면 당연합니다. 똑같이 1분을 공부한다고 했을 때 한 가지 동작을 하며 담담하게 하기보다도 두 가지, 세 가지 동작을 중첩시키는 게 기억력 강화에 효과적이기 때문입니다.

혹시 국어나 사회처럼 책상 앞에 앉아서 듣는 수업 내용은 머릿속에 잘 안 들어오는데, 체육이나 기술처럼 몸을 사용하는 수업은 시간이 한참 지나도 기억에 남는 경험 없으신가요? 소파 위에서 뒹굴거리며 읽은 부분은 잘 기억이 안 나는데, 서점에서 책을 고르며 잠깐 읽은 부분은 선명하게 기억했던 경험 없으신가요?

후자의 경우에 더 잘 기억하는 것은 몸을 함께 사용했기 때문입니다. 동작을 수반한 학습은 기억에 남기 쉬운 법입니다. 따라서 아침에 공부를 할 때에도 묵독하는 대신 소리를 내서 귀로 듣거나 들은 것을 종이에 휘갈겨 쓰면 능률이 훨씬 높아집니다. 오디오북을 들으면서 작은 목소리로 되뇌는 것도 좋은 방법입니다.

공부 효율을 높이는 네 번째 테크닉은 **'암기 방법을 중복시켜서 다동력(多動力) 발휘하기'입니다.** 말하기, 보기, 듣기, 읽기, 움직이기, 끄덕거리기, 소리 치기 등등. 암기를 할 때는 꼭 두 가지 이상의 동작을 조합해 보세요.

아침 시간은 한정되어 있습니다. 15분이면 15분, 30분이면 30분을 부끄러워하지 말고 마음껏 활용해 보세요! 물론, 이른 아침 카페에서 소리를 지르면 신고당하겠지만 말입니다. 때로는 아침에 맑은 공기를 마시며 산책을 하면서 오디오북으로 공부하는 것도 좋습니다.

5

어디서든 공부한다

공부를 반드시 책상에 앉아서 할 필요는 없습니다. 샤워를 하면서 암송하거나 양치질을 하면서 벽에 붙여 둔 암기표를 보며 공부할 수도 있습니다. 이처럼 시간을 중첩시키는 공부법 중에 매우 효과적인 것이 바로 앞에서 언급한 귀를 사용한 학습입니다.

오디오북을 들으면서 하는 공부는 욕조에 몸을 담근 상태에서도 얼마든지 할 수 있죠. 귀로 학습한다고 하면 가장 먼저 어학이 떠오르지만, 최근에는 어학뿐만 아니라 비즈니스, 자기계발서 분야의 책들도 오디오북으로 다수 발매되었습니다. 아침 시간에도 효과가 좋습니다. 공부 효율을 높이는 테크닉 다섯 번째는 **'귀로 학습하기'**입니다.

저 역시 시간 관리와 관련한 오디오북을 듣거나 세미나 능력을 높이는 CD 등을 들으며 자기계발을 위해 노력하고 있습니다. 만약 공부하고 싶은 내용의 오디오북이 나와 있지 않다면 직접 만들면 됩니다. 과거에는 부끄러운 일이었을지 모르지만 요즘은 분야를 막론하고 개인이 직접 콘텐츠를 만들어서 밖으로 내보낼 수 있는 시대입니다. SNS나 유튜브에 업로드한다는 생각으로 당신의 목소리를 녹음해 보세요.

'귀로 하는 학습'의 최대 이점은 다른 일을 하면서도, 즉 어디에 있든 할 수 있다는 점입니다. 아침 일찍 일어났지만 이런저런 사정으로 집에서는 공부를 할 수 없다면 과감하게 출근 시간을 앞당기는 것도 하나의 방법입니다. 이른 아침에는 지하철도 한산하고 쾌적합니다. 그런 여유로운 환경에서 오디오북을 들으며 회사에 가는 것이죠. 통근 지하철에서 앉아서 출근할 수 있다면 더더욱 좋습니다. 그럼 그 자리는 목적 달성을 위한 골든 시트가 됩니다.

예를 들어, 통근 시간이 1시간이고 1년에 250일 출근한 다면 왕복 500시간이나 되는 학습 시간을 확보할 수 있습니다!

저는 지금은 자동차로 출근하지만 출장이나 세미나를 갈 때에는 지하철이나 기차를 많이 탑니다. 그때에는 이동 시간이 고작 30분이라 해도 특실에 타려고 합니다. 앞서 '시간은 돈으로 사라'는 말을 했었죠. 30분이라는 귀중한 시간을 앉아서 이동할 수 있다면 특실 요금은 그리 비싼 것이 아닙니다. 30분에는 무한한 가능성이 있습니다. 책을 읽을 수도 있고, 원고를 쓸 수도 있고, 공부를 할 수도 있습니다.

물론 특실이 없는 열차를 탈 때도 있는데, 주변을 둘러보면 앉아 있는 사람은 두 부류로 나뉩니다. 자고 있거나 스마트폰을 보고 있거나. 심지어 대개는 스마트폰으로 만화를 읽거나 게임을 합니다. 모처럼 골든 시트에 앉았는데 시간을 낭비하고 있는 셈이죠. 당신이 만약 이 연간 500시간이나 되는 어마어마한 자투리시간을 당신의 가치를 높이는 일에만 사용했다면 스마트폰을 들여다보며 시간을 낭비한 다른 사람들을 간단히 제칠 수 있다고 단언합니다.

귀로 하는 학습에 대해 한 가지 더 조언을 덧붙이겠습니다. 오디오북을 들을 때에는 1.2배속이나 1.4배속으로 듣는 것을 추천합니다. 1.2배속은 금방 익숙해집니다. 2배속까지 들을 수 있게 된다면 더 좋습니다. 다른 사람들이 30분 걸려 듣는 것을 2배속으로 들으면 1시간 분량의 내용을 학습할 수 있습니다. 꼭 도전해 보세요. 빠른 속도로 오디오북을 듣는 버릇을 들이면 두뇌 회전이 빨라지고 서류를 처리하는 속도도 훨씬 빨라집니다. 빠르게 듣기는 같은 시간에 더 많은 내용을 듣는 것 이상의 효과를 가져다줍니다. 꼭 시험해 보세요.

6

스토리화한다

어제 저녁식사 메뉴는 기억이 안 나는데 서프라이즈로 생일 축하를 받았을 때 먹은 요리, 처음으로 크리스마스 데이트로 연인과 레스토랑에서 먹은 케이크, 동북동 방향을 향하고 한입에 욱여넣어 목에 걸린 김밥(일본의 입춘 전날 그 해의 길한 방위를 향해 먹으면 운세가 좋다고 하는 두껍게 만 김밥-옮긴이) 같은 음식은 몇 년이 지나도 잊지 못합니다. 우리가 잊지 못하는 이유는 그 기억 속에 '스토리'가 있기 때문입니다. 사람은 스토리가 곁들여지면 잘 잊지 못합니다. 이런

편리한 법칙을 공부에 활용하지 않을 수 없죠.

저는 중학생 때 세계사를 정말 싫어했는데, 나중에 아이에게 사 준 세계사 만화를 읽고 재미를 붙여 조금씩 이해하게 되었습니다. 아침에 공부 효율을 높이는 테크닉 여섯 번째는 그냥 기억하는 것이 아니라 '**스토리로 외우기**'입니다. 이 스토리 공부법은 어디에든 응용할 수 있습니다. 예를 들어, 무미건조한 민법을 공부할 때도 활용할 수 있습니다.

"계약 자유의 원칙에 따르면, 서로 합의하면 계약은 맺을 수 있겠지만 속거나(사기) 협박을 당해서(강박) 계약한 토지는 돌려받을 수 있어! 그 행위를 알고 있는 제삼자(악의가 있는 제삼자)에게 소유권이 이전되었다 해도 원래 토지 소유자에게 돌려주어야 해! 왜냐하면 나쁜 짓을 하고 있다는 걸 알고 산 거니까. 그럼 그 거래를 모르는 제삼자(악의가 있는 제삼자)에게 소유권이 이전되었다면 어떨까? '죽여 버릴 거야! 나쁜 자식! 네 가족이 어떻게 되든 상관없단 말이야?' 하며 위협을 당해서 뺏긴 토지라면 원래의 소유자에게 돌려줘야지! 하지만 속아서 뺏긴 토지는 속은 사람에게도 잘 못이 있어. 사기를 당한 사람까지 보호해 주다 보면 끝이 없지."

이런 식으로 스토리를 만들어 외우는 것입니다. 단순히 '사기'나 '강박' 같은 용어나 '계약 자유의 원칙에 따라 서로 합의하면 계약을 맺을 수 있다', '공공의 질서와 선량한 풍속, 공서양속에 반하면 무효 혹은 취소된다', '그럼 악의가 있는 제삼자에게는? 선의의 제삼자에게는?'처럼 항목을 통째로 암기할 필요는 없습니다. 스토리를 만들면 '살아 있는 지식'의 형태로 머리에 들어옵니다. 이때 그림이나 일러스트를 직접 그려 보는 것도 효과적입니다. 그림을 잘 그린다면 칸을 나눠서 만화를 그려 보는 것도 좋습니다. 그럼 무조건 외울 수 있습니다.

물론 스킬을 업그레이드하기 위해 읽는 비즈니스 도서나 자기계발서도 마찬가지입니다. 소통에 관련된 책을 그냥 읽기만 하는 것이 아니라 잠시 멈춰서 스토리를 만들어서 공상해 보는 것입니다.

'우리 회사에서는 상사를 어떤 식으로 대하면 좋을까?'

'이 책의 이 장면 같은 상황에 놓인다면 부하 직원은 뭐라고 말할까?'

'이 말을 하면 우리 회사에서 원활하게 프로젝트가 진행될까?'

책에 쓰여 있는 내용을 내 일이라고 가정하고 스토리를 만들어 보는 겁니다. 그렇게 하면 당신이 읽는 자기계발서가 당신이 주연인 드라마의 대본이 되어 노하우나 콘텐츠를 살려서 위기를 극복하는 스토리를 체험할 수 있습니다.

최근 몇 년간 많은 비즈니스 도서와 자기계발서가 '만화로 읽는 OO' 같은 제목으로 만화화되고 있죠. 이는 단지 겉멋이 든 게 아니라 스토리화를 통해 사람들이 더 쉽게 기억하게 만드는 효과를 노린 게 아닐까요? 스토리를 만들어서 외우기, 쉽게 잊히지 않고 더 쉽게 기억할 수 있는 테크닉입니다. 꼭 활용해 보세요.

7

비주얼을 강조하라

모 대기업 전문학교에서 강의를 들었을 때의 일입니다. 담당 강사는 작은 체구에 빈말이라도 멋지다고 할 수 없는 40대 초반의 남성이었습니다. 첫 강의 때 저는 그 강사의 아주 인상적인 한마디 때문에 저도 모르게 웃음을 터뜨렸습니다.

"안녕하세요! 비주얼 강사 OOO입니다!"

'음? 그 외모에 비주얼 강사는 아니지' 하고 속으로 중얼거린 저였습니다. 그런데 강의가 시작되자 자칭 '비주얼 강사'의 의미를 알 수 있었습니다. 칠판 필기가 어마어마했던 것입니다. 분홍색과 노랑색, 파랑색…… 색색깔을 사용해 다채로웠습니다. 빔프로젝터를 통해 컬러 이미지를 보여 주고, 수업 자료까지 모두 컬러로 출력해 준비해 왔습니다. 신기하게도 수업 내용이 머리에 쏙쏙 들어왔습니다. 컬러풀한 색들이 눈으로 마구 날아 들어오는 느낌에 어려운 내용이었지만 즐겁게 들을 수 있었습니다. 나중에 들어보니 그 강사는 정말 '비주얼 강사'로 유명했습니다.

아침 시간의 공부 효율을 높이는 일곱 번째 테크닉은 '**색을 활용해서 비주얼화하기**'입니다. 시험 문제를 풀 때는 흰 답안지에 검은색 샤프펜이나 연필만 사용해야 한다는 규칙이 있습니다. "저의 행운의 색은 파란색이니까 파란펜으로 시험을 보겠습니다!"고 말한다면 시험 감독에게 무슨 말을 들을까요? 그보다도 채점 기계에 인식되지 않아서 0점이 될지도 모릅니다.

하지만 혼자서 공부할 때는 좋아하는 색을 마음껏 써도 좋습니다. 파란색이든 빨간색이든 핑크색이든 뭐든 좋습니다. 필기용품뿐만 아니라 포스트잇이나 종이색도 마음대로 고를 수 있습니다.

색은 우뇌에서 인식한다고 합니다. 종이에 써서 기억하
는 것은 좌뇌의 역할이기 때문에 공부를 할 때 색을 활용하
면 우뇌와 좌뇌 모두를 사용해서 학습할 수 있습니다. 또
한 빨간색은 의욕, 노란색은 주의 환기, 녹색은 긴장 해소,
파란색은 집중력이나 지속력 향상 등 각각의 색에는 서로
다른 효과가 있습니다. 그 효과를 잘 이용해서 그날 아침
기분에 따라 색을 고르는 것도 좋을지 모릅니다.

오랫동안 공부를 지속하고 있다면 가장 중요한 부분은
노란색을 칠하고, 노란색으로 표시한 부분만큼은 아니지
만 중요한 부분에는 녹색을 칠하는 등 색에 의미를 부여할
수도 있습니다.

이렇게 색을 구분해 두면 짧은 시간 안에 복습하고 싶을
때 노란색으로 칠해진 부분만 다시 훑어보고, 시간이 조금
더 많다면 녹색으로 칠한 부분도 포함해서 복습하는 등 효
율적으로 학습할 수도 있겠죠. 따분한 무채색의 교과서에
당신의 색을 물들여 효율을 높여 보세요.

8

G+PDCA 사이클을 돌려라

1장에서 '인생 역전에 성공한 세 가지 승리 요인'을 다루며 말했듯이 저는 제조업 등에서 사용하는 PDCA를 공부에 응용했습니다.

계획(P)을 세워서 그 계획에 따라 실행하고(D), 계산 문제나 모의시험을 통해 검증해서(C) 합격점에 도달하지 못한 이유나 부주의한 실수 등을 개선하는(A) 식입니다. 저는 과정 이전에 'Goal'의 'G'를 더해서 'G+PDCA'라는 사이클을 만들었습니다.

아침 시간의 공부 효율을 높이는 여덟 번째 테크닉은 이 **'G+PDCA 사이클을 돌리는 것'**입니다.

통근 지하철을 예로 들어 설명해 보겠습니다. 회계사 시험 공부를 위해 전문학교에 다니던 시절에 저는 지하철을 타고 다녔습니다. 그러던 중에 지하철 안에서 보내는 시간을 공부에 활용하고 싶었습니다. 통근 지하철에는 '도착할 때까지'라는 '궁극의 기한'이 있기 때문에 높은 집중력을 발휘할 수 있습니다. 스마트폰만 보지 않는다면 방해받을 일도 없습니다. 앉아서 갈 수 있다면 더할 나위 없이 좋은 공부방이니 이곳을 적극 활용하지 않을 이유가 없었습니다.

운 좋게도 당시의 저는 늘 지하철에 앉아서 갈 수 있었는데, 한 가지 문제가 있었습니다. 집에서 학교까지 지하철로 걸리는 시간이 편도로 6분밖에 되지 않았던 것입니다. 이동 시간이 긴 사람이 부러워할 만한 짧은 시간이죠. 하지만 공부를 하고 싶은 제게는 너무 부족한 시간이었습니다. 그래서 저는 무엇을 했을까요? 집 근처에 있는 전문학교에서 일부러 도내 전문학교로 학교를 옮기고 편도 35분, 왕복 70분의 시간을 만들었습니다.

그렇게까지 해서 시간을 손에 넣고자 한 것입니다. 지하철에 타면 무엇을 할까 생각할 여유도 없습니다. 아침에 일어나서 그날 할 일을 생각하는 것처럼 시간을 낭비하는 일이기 때문입니다. 할 일은 미리 지하철에 타기 전에 생각해 둡니다. 다시 말해서 PDCA 중에서 계획(P)은 미리 세워 두는 것입니다. 그리고 지하철에 타면 무조건 공부(D)를 시작합니다! 학교에 도착할 때까지 걸리는 35분이라는 기한을 적극 활용해서 공부합니다.

그리고 돌아오는 지하철에서는 아침에 공부한 범위의 연습 문제를 풀거나 형광펜으로 표시해 둔 부분을 다시 한번 확인하며 검증과 개선을 합니다. 대표적인 개선 사례는, 모처럼 계획을 세워서 지하철을 탔는데 스마트폰이 알림이 울리면 저도 모르게 확인하게 되기 때문에 지하철 안에서는 스마트폰의 전원을 끄기로 한 것입니다.

사람은 망각의 동물입니다. 반복해서 외우지 않으면 금방 잊어버립니다. 아침에 공부한 부분을 제대로 이해했는지 돌아오는 지하철에서 검증해 보는 것이죠. 만약 잊어버렸다면 다시 한번 계획을 세워 외우는 시간을 확보하면 됩니다. 잘 기억하고 있다면 공부의 페이스를 조금 더 빠르게 변경할 수도 있습니다.

물론, 'PCDA 사이클'은 자격 공부 외에서도 효과를 발휘합니다. 만약 당신이 영업직이라면 아침 지하철에서 영업과 관련된 자기계발서를 읽으면 됩니다. 그리고 책의 내용을 실제 업무에서 실천(D)해 보는 것입니다. 자기계발서는 실천하지 않으면 의미가 없습니다. 책을 통해 습득한 노하우를 직장에서 시험해 보세요. 그리고 퇴근길 지하철에서 검증(C)과 개선(A)을 하는 것입니다.

아침의 골든타임에 배운 것을 회사에서 실천하고, 집으로 돌아오는 지하철에서 머릿속으로 시뮬레이션해 봐도 좋습니다. '잘된 점은 무엇일까?', '잘못된 점은 무엇일까?', '어떻게 개선해야 좋을까?' 하고 말이죠.

실천하고, 검증하고, 개선해서, 계획을 다시 세우고 또 실천하면 실력이 붙습니다.

9

주변의 시선을 이용하라

신경과 의사 엘튼 메이요(Elton Mayo)와 심리학자 프리츠 로슬리스버거(Fritz Roethlisberger)가 미국 시카고에 있는 호손 공장에서 했던 흥미로운 실험이 있습니다. 공장의 이름을 따서 '호손 실험(Hawthorne Experiment)'이라고 불리는 이 실험은 '작업 환경을 바꾸면 직원의 생산성은 어떻게 바뀌는가'를 분석하려는 목적으로 이루어졌습니다.

실험 대상은 많은 직원 중에서 엄선한 6명의 정예 여성 직원이었습니다. 실험에서는 우선 어두웠던 작업장의 조명을 밝은 것으로 교체했습니다. 그랬더니 그녀들의 작업 효율이 높아졌습니다.

다음으로는 휴게 시간을 늘려 보았습니다. 그러자 작업 효율이 더 높아졌습니다. 다음으로 임금을 올리고, 그다음에는 가벼운 간식을 제공하고, 그다음에는 작업장 온도를 적정 온도로 설정해 주었습니다. 이처럼 서서히 작업 환경을 개선해 나가자 그때마다 그녀들의 작업 능률이 올라가기 시작했습니다.

여기까지 들으면 '직장 환경을 개선하면 직원의 작업 능률은 올라간다'고 결론 짓고 싶어질 것입니다. 그런데 이 실험은 여기서 끝난 게 아니었습니다. 이 6명의 여성 직원이 일하는 환경을 이번에는 악화시켜 보았습니다. 조명을 어둡게 하고, 휴게 시간을 줄이고, 임금을 낮추고, 간식을 없애고, 작업장의 온도를 적정 온도 이상으로 올리는 등 서서히 작업 환경을 바꾼 것입니다. 결과는 어땠을까요?

당연히 환경이 악화될 때마다 작업 효율은 떨어지지… 않았습니다. 놀랍게도 환경이 서서히 나빠졌음에도 그녀들의 작업 효율은 계속 올라갔습니다. 대체 어째서 이런 결과가 나온 걸까요?

그녀들이 다른 많은 동료 가운데 특별히 선발됐고, 실험 전에 "여러분은 많은 직원 중에서 특별히 선발된 분들입니다", "기대하고 있어요", "여러분은 우수한 사람들이에요" 같은 말을 덧붙였다는 점 그리고 회사 간부, 연구자 등 많은 관계자에게 주목을 받으며 실험이 이루어졌다는 점 때문이었습니다.

그녀들의 작업 효율이 오른 이유는 '환경의 변화' 때문이 아니라 '나는 기대받고 있다, 주목받고 있다'는 '감정의 변화'에서 기인한 것이었습니다.

여담이지만, 직장에서도 비슷한 현상을 목격한 적이 있습니다. 연일 이어지는 장시간 노동으로 피로가 축적되어 실수가 잦았던 직원들의 사기를 높이기 위해 경영진이 급여를 올린 적이 있었습니다. 급여가 오르자 확실히 사기도 높아졌지만 그건 일시적인 현상에 불과했습니다. 3개월밖에 지나지 않았는데 상승한 급여에 익숙해져 도로아미타불이 되었습니다.

그 후 몇 번인가 급여를 더 올렸지만 결과는 똑같았습니다. 직원들의 사기가 올라간 건 처음 급여를 올렸을 때뿐이었고, 금세 또 원래대로 돌아갔습니다.

그래서 이번에는 경영진과 관리직이 현장에 방문하는 횟수를 늘려 보았습니다. 그전까지는 한 달에 한 번 방문했지만 일주일에 한 번으로 빈도를 늘리고, 현장에서 직원들이 느끼는 고충을 귀담아듣고 노고를 위로한 것입니다. 물론 현장 업무에 지장이 가지 않도록 배려하기도 했습니다. 결과는 어땠을까요? 현장의 사기가 올라간 것은 물론 야근도, 실수도 대폭 줄어들었습니다.

호손 실험과 마찬가지로 '당신들에게 기대하고 있어요. 신경을 쓰고 있어요'라는 메시지가 직원들의 마음을 움직여 효율을 높였던 것입니다.

아침 시간의 효율을 높이는 아홉 번째 테크닉은 **'주변의 시선 이용하기'**입니다. 한마디로 말하자면 '누군가가 주시하는 상황을 만들어서 의욕을 고무하는 것'입니다. 카페나 지하철 안처럼 사람이 있는 환경에서 공부하는 것도 그렇고, 주변 사람이나 상사에게 자격시험을 준비하고 있다고 말하는 것도 이에 해당합니다. 말하자면 주변의 시선이나 기대가 당신을 움직이게 만드는 원동력이 되는 것이죠. 저처럼 허세를 부리는 사람에게는 특히 효과적인 방법입니다!

아침은 하루에 있어서 중요한 시간이다.
당신이 아침 시간을 어떻게 보내는지에 따라
어떤 하루를 보낼 것인지가 결정되기 때문이다.

레모니 스니켓

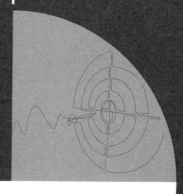

7장

누구나 모닝 루틴에 성공할 수 있는 10가지 테크닉

1

알람 소리에 일어나지 않는다

여기까지 읽고 '아침 시간을 활용하면 어떤 이점이 있는지 이해했어! 실천해 보고 싶은 마음도 생겼어! 공부 효율을 높이는 방법도 이해했어! 그런데 아침에 일어나기가 쉽지 않네!'라고 느끼는 당신. 이 장에서는 그런 당신에게 '아침 시간 활용을 정착시키는 테크닉'을 전수하고 싶습니다.

해 뜰 무렵에 꾸는 꿈의 70퍼센트는 악몽이라고 합니다. 사람이 꿈을 꾸는 이유는 희망이나 욕망처럼 긍정적인 요인 때문이기도 하지만, 반대로 걱정이나 스트레스, 불안,

공포, 고민, 화, 원한, 괴로움, 슬픔처럼 부정적인 감정이 그대로 반영되는 경우가 더 많다고 합니다. 좀비에게 쫓기거나 시험을 보는데 답을 몰라서 쩔쩔매다가 정신이 들어 '꿈이라서 다행이다' 하고 가슴을 쓸어내렸던 경험 없으신가요?

이처럼 '꿈이라서 다행이다'라고 생각할 수 있으면 금방 잊을 테지만 문제는 불쾌한 꿈, 무서운 꿈, 불길한 꿈을 꿨는데 잘 기억이 나지 않는 경우입니다. 눈을 떴을 때 기분이 좋지 않을 뿐만 아니라 기억도 불분명해서 그 감정을 불식시키지 못하고 불안감이 남습니다.

심지어 알람 시계의 시끄러운 소리에 잠을 깼다면 어떨까요? 큰 소리에 깜짝 놀라 심장이 두근거리고, 불쾌한 기분이 들어 불안해지지 않을까요? 누구나 아침에는 기분 좋게 눈을 뜨고 싶을 것입니다. 그래서 아침 시간 활용을 정착시키는 테크닉 그 첫 번째는 '**알람 소리에 일어나지 않기**'입니다.

그럼 어떻게 눈을 떠야 좋을까요? 저는 스마트폰에 생기 넘치고 기분이 좋아지는 곡을 넣어서 알람을 맞춰 둡니다. 곡은 그때그때 유행하는 노래도 좋지만, 주로 많이 설정해 두는 곡은 유명한 영화 〈록키〉의 주제곡 'Gonna Fly Now'나 전 프로레슬링 선수 안토니오 이노키의 입장곡인 '화염의 파이터' 같은 것들입니다. 그 곡들을 볼륨이 점점 커지도록 설정해 둡니다. 이렇게 해서 눈을 뜨면 잠에서 깨기 직전까지 악몽을 꿨다 해도 금방 환기시키고 좋은 감정으로 덧씌울 수 있습니다.

사람의 기억은 축적되어 갑니다. 실패나 실연의 기억도 새로운 기억과 흐르는 시간 덕분에 완화됩니다. 예전에 어딘가에서 "실연 후 슬픔을 극복하기 위한 최고의 수단은 시간"이라는 신문기사의 구절을 읽고 고개를 끄덕였던 기억이 있습니다.

20대 친구들을 대상으로 동기 부여 세미나를 했을 때 학생들에게 다음과 같은 말을 종종 했습니다.

"혹시 1년 전의 고민을 여전히 안고 있는 분 계신가요? 없을 것입니다. 어차피 1년 후 잊어버릴 고민이라면 쓸데없이 고민하지 말고 해결 방법을 생각하는 편이 좋습니다. 혼자서는 자신이 없다면 상사나 선배에게 도움을 청해서 해결해 보세요. 설령 해결하지 못하더라도 1년 후에는 떠올릴 일도 없으니 전혀 고민할 필요 없습니다."

나쁜 기억이 생기더라도, 나쁜 꿈을 꾸더라도 밝고 생기 넘치는 곡으로 잠에서 깨듯 좋은 기억으로 덧씌워 뇌를 리셋하자는 말입니다. 한 가지 주의할 점은 '밝고 생기 넘치는 곡'이지만 '당신의 감성을 자극하는 곡'은 아니어야 한다는 것입니다. 청춘 시절에 듣던 곡이나 헤어진 연인과의 추억이 담긴 곡은 좋은 기억을 덧씌우기는커녕 과거의 슬픈 기억을 다시 불러일으켜 버리기 때문입니다. 평온함을 주는 자연의 소리도 좋습니다. '아침에 어떻게 눈을 뜰 것인가'에 대한 팁을 드리겠습니다.

- 밤에 커튼이나 블라인드를 조금 열어 두고 잔다
- 아침에는 창으로 들어오는 햇빛으로 깨는 것이 이상적이다
- 또한 졸졸 흐르는 냇물소리나 새가 지저귀는 소리 같은 자연의 소리로 알람을 설정해 둔다
- 음악 소리에 일어나지 못할 수도 있으니 보험으로 알람시계를 세팅해 둔다

가장 이상적인 기상은 보험으로 세팅한 알람 시계가 울리기 전에 일어나는 것이라고 합니다. 이 방법은 저도 시험해 보았는데, 자연의 소리로 잠에서 깨면 마음이 편안해집니다.

2

무아의 경지에서 즉시 행동하라!

지하철 좌석에 앉아 있는데 눈앞에 허리가 굽은 할아버지가 서 있습니다. "앉으세요" 하고 말을 걸었는데 "다음 역에서 내리니까 괜찮아요", "서 있는 게 좋아요", "아직 그럴 나이가 아냐!" 하며 거절을 당할까봐 고민하는 사이 결국 자리를 양보하지 못합니다.

또, '이 일은 너무 손이 많이 간단 말이지', '참고할 서류가 너무 많네. 다 읽는 것만 해도 너무 힘들겠어' 하고 생각만 하다가 결국 '내일 하자' 하고 미뤄 버립니다.

'헉, 벌써 시간이! 빨리 일어나야겠다', '아, 오늘은 미팅이 있잖아? 그 상사 너무 꼴 보기 싫은데. 깐족깐족거리기만 하고 무조건 다 안 된다니까 일을 진행할 수가 없어' 생각하는 사이 일어날 기력이 다 사라집니다.

이럴 때 있으시죠? 사람은 시간이 흐르면 흐를수록 변명거리를 만들어낸다고 합니다. 그러므로 평소에 미리 '지하철에서 앞에 고령자나 임신부, 지팡이를 짚고 있는 사람이 서 있으면 자리를 양보하자'고 정해 두는 것이 좋습니다. 미리 결정해 두면 변명거리를 생각할 새 없이 반사적으로 일어설 수 있습니다.

귀찮은 일, 어려운 일을 습관적으로 미루는 사람은 '서류를 일단 봤다면 1장이라도 좋으니까 읽기 시작하자'고 미리 정해 두면 됩니다. 그래서 고민 없이 1초 만에 그 일을 시작하면 생각보다 일이 간단하고 수월하게 풀리는 걸 느낄 수 있습니다.

아침에 눈을 뜰 때도 마찬가지입니다! 아침 시간 활용을 정착시키는 테크닉 두 번째는 **'무아의 경지에서 즉시 행동하기'**입니다. 스스로가 변명거리를 만들어내기 전에 생각하지 말고 일단 움직이는 것입니다.

아침에 눈을 뜨면 이불 속에서 뭔가를 생각하기 전에 벌떡 일어나는 게 좋습니다.

생각은 일어난 다음에 합시다. '창으로 햇빛이 들어오면 지체 없이 일어나기', '알람이 울리면 곧바로 일어나기' 같은 규칙을 정해 둡시다. 무아의 경지에서 일어서서 화장실에 가거나 샤워를 하는 등 일어나서 곧바로 하려고 했던 일에 돌입해 보세요. 빠르게 다음 행동으로 옮겨 갑시다!

3

구체적인 숫자로 뇌에 지령을 내려라

매일 팔굽혀펴기를 하자!

영어 회화 공부를 시작하자!

행정사가 되기 위한 공부를 시작하자!

블로그를 하자!

사람들은 제각각 이런저런 바람에 따라 결심을 하고 무언가를 시작합니다. 그러나 앞서 이야기했듯이 무언가를 시작할 때 '목적'이 없으면 오래 지속할 수 없습니다. 따라서 항상 목적을 넣어서 생각하는 편이 더 효과적입니다.

좋아하는 친구와 바다에 가기로 했으니까 그때까지 매일 팔굽혀펴기를 하자!

외국계 회사에서 근무하고 싶으니까 회화 공부를 하자!

이직을 위해 행정사 공부를 시작하자!

상품을 팔기 위해 블로그를 시작하자!

하지만 목적이 있어도 아직 미약합니다. 그다음에는 구체적으로 언제 시작해서 언제 끝낼지를 숫자로 정합니다. 예를 들어, 팔굽혀펴기가 수단이라면 '좋아하는 친구와 7월 여름에 바다에 갈 거니까 내일부터 매일 팔굽혀펴기를 30번씩 하자. 지금은 가슴둘레가 85센티미터니까 6월 말까지 5센티미터 키워서 90센티미터로 만들자!'처럼 구체적인 숫자를 정하는 것입니다. 이처럼 아침 시간 활용을 정착시키는 테크닉 세 번째는 **'구체적인 숫자로 뇌에 지령 내리기'**입니다. 아침 시간에 회화 공부를 할 거라면 다음과 같이 해 보면 어떨까요?

'내년에 구직 활동을 할 때 외국계 회사에 면접을 보고 싶어. 다음 주 수요일부터 매일 아침 30분 더 일찍 일어나서 전화영어를 하자. 인터넷 강의도 들으며 하루 10장씩 공부하면 3개월이면 마스터할 수 있어. 준비하면서 어학연수 프로그램도 알아보자.'

이직을 위한 행정사 공부 때문이라면 다음과 같은 식입니다.

'지금 다니는 직장을 그만두고 이직하기 위해 행정사 시험을 보자. 허가 관련 서류가 1월 말에 나오니까 1월 31일까지 잡무를 끝내서 2월부터 본격적으로 공부를 시작하자. 그때까지는 교재를 보며 시험 일인 11월 11일까지 하루 3시간씩 공부하면서 페이스를 조절하자.'

구체적인 숫자를 사용해서 계획을 세우면 행동이 빨라지고 성장 수준 체크도 용이합니다. 이를 바탕으로 모닝 루틴을 지속할 수 있습니다.

한편, 상사인 당신이 부하 직원에게 '내일까지 이 서류를 마무리해 달라'고 지시했다고 합시다. 그런데 이 '내일까지'가 내일 아침 9시까지인지 낮 12시까지인지, 정각 17시까지인지 알 수 없죠. 다음 날 오전에 부하 직원에게 완성됐는지 물었더니, "아직입니다. 점심 시간 후에 만들려고 했습니다"라는 대답이 돌아왔습니다. 여기에 화를 낼 순 없습니다. 구체적인 숫자로 말하지 않은 상사에게 책임이 있기 때문입니다.

참고로, 책을 집필할 때에는 편집자에게 원고를 전부 넘긴 후에 초교나 재교를 위해 두세 번 수정을 하거나 오자와 탈자를 확인할 기회가 있습니다. 편집자가 "○월 ○일까지 확인해 주세요" 하며 기한을 정해 주는데, 그때 저는 '○월 ○일 밤 11시 59분 59초까지'라고 인식합니다. 마감 시간에 임박할 때까지 몇 번이고 확인하고 싶기 때문입니다. 그래서 당일 저녁 8시가 돼서도 수정을 끝낸 원고를 돌려주지 않아 편집자가 "아직인가요?" 하며 불안한 듯 메일을 보내올 때도 있습니다. 하지만 숫자를 쓰면 서로 오해하거나 변명할 여지가 사라집니다.

다시 돌아가서 당신의 목적을 더 확실하게 달성시키기

위해서는 구체적인 숫자로 목표를 세울 필요가 있습니다. 그 숫자가 구체적인 기한이 되어 당신을 움직이게 하고, 아침 시간을 지속적으로 활용할 수 있는 원동력이 되어 줄 것입니다.

4

현상 유지 편향을 타파하라!

목표뿐만 아니라 목적도 있고, 구체적인 숫자로 기한도 정했고, 기한에 맞춰 계획도 세운 당신. 앞에서 살펴본 예시로 말하자면 다음과 같습니다.

'팔굽혀펴기를 확실히 지속하고 있다. 때때로 33회 혹은 35회처럼 목표를 초과한 횟수만큼 하고 있다. 가슴둘레도 1센티미터 늘어났고, 나의 목표인 5센티미터 늘리기도 이제 코앞으로 다가왔다.'

'매일 아침 전화영어를 하고 배운 표현을 복습하고 있다. 외국 영화를 볼 때 자막을 보지 않아도 이해할 수 있는 장면이 늘고 있다. 영어 검정 시험이나 토익 공부도 시작해 볼까?'

'행정사 수험서를 계획대로 보고 있다. 3일에 한 번 하는 미니테스트에서도 무난하게 만점에 가까운 점수가 나온다. 이 페이스대로라면 내후년에는 사법 시험 공부를 시작해도 좋겠다는 생각이 들 만큼 아주 순조롭다.'

그런데 잠시 후 이런 생각이 고개를 듭니다.

'오늘은 추우니까 팔굽혀펴기를 하지 말고 그냥 자자. 어깨도 조금 결리고……'

'벌써 3일이나 공부를 안 했네. 3일 연속으로 모임과 동아리 활동, 미팅 때문에 술자리에 나갔으니 어쩔 수 없지.'

'행정사 공부가 뒤로 갈수록 더 어려워지네. 처음에 공부

한 부분도 잊어버렸고, 일도 바쁘고. 시험은 내후년에 볼
까.'

　목적도, 목표도, 구체적인 숫자로 기한도 정했는데 오랫
동안 지속하다 보니 그만하고 싶을 때도 생깁니다. 연초에
세운 목표, 금연, 다이어트, 조깅…… 어느 정도 성과가 나
도 갑자기 그만두고 싶어진 적 있으시죠? 그 이유는 행동
경제학에서 말하는 '현상 유지 편향'이 작용했기 때문입니
다. 큰 변화나 미지의 것을 피해서 현상을 유지하려는 심
리적 작용을 말합니다. 그러므로 모닝 루틴을 정착시키는
네 번째 테크닉은 **'현상 유지 편향 타파하기'**입니다.

　'바꿔자! 지금의 나에서 한 발 더 나가자! 다른 내가 되
자!' 하고 의욕이 넘쳐도 오랫동안 지속하다 보면 '지금 이
대로 충분하잖아' 하고 제동을 걸어오는 지령이 바로 이것
입니다.

　저도 다이어트나 금연, 퇴직, 이직, 공부, 세미나 강사
데뷔, 출판 등등 어떤 일을 할 때마다 '지금 이대로 충분하
잖아', '그냥 먹지', '스트레스 해소에는 담배가 최고지', '안
정적이니까 그만두지 말아야겠어', '지금 다니는 회사로 충

분해', '합격률이 10퍼센트도 안 되는 시험 같은 건 안 봐도 돼', '굳이 강사 일까지 해서 사람들 앞에 긴장한 채로 나갈 필요는 없어', '책을 쓸 시간이 있으면 차라리 잠을 자자' 같은 내면의 목소리가 현재 상태를 바꾸는 데 제동을 걸어오려고 합니다. 하지만 저는 이 '현상 유지 편향'을 타파해 왔습니다.

전에 회사 연수에서 이를 타파하는 것이 얼마나 중요한지에 대한 이야기를 들었습니다. 〈끓는 물 속의 개구리〉에 관한 이야기가 그 예시였는데, 내용은 다음과 같습니다.

"물이 든 용기 속에 개구리를 넣고 천천히 끓이기 시작하면, 점점 따뜻해지는 물에 개구리의 눈은 흐리멍덩해집니다. 노곤해진 몸으로 그대로 있다 보면 어느새 팔팔 끓는 열탕 속에서 죽음을 맞이합니다."

온탕에 계속 잠겨 있는 것, 즉 현상을 유지하는 것의 위험성을 예로 든 것이었습니다. 이 이야기를 처음으로 들었던 저는 아주 큰 인상을 받았습니다. 그 뒤로 '현상 유지 편

향에 빠져 있다'는 생각이 들 때면 다시금 이 이야기를 인
생의 지침처럼 떠올립니다. '무언가 정체되었다고 느낄 때
는 경계해야 할 때'라는 소중한 가르침입니다.

5

뜨거운 커피는 마시지 않는다

아침의 골든타임을 활용하기 위해 일찌감치 일어난 당신, 그 순간부터 경쟁이 시작됐다고 생각해 주세요! 어떤 경쟁인가 하면, '집중력'이라는 저장 탱크가 동이 날 때까지 하는 경쟁입니다. 저는 집중력이라는 것은 일어났을 때가 가장 높고 그다음부터는 서서히 떨어진다고 생각합니다. 따라서 일어난 직후부터 승부점이 되는 셈이죠. 그 중요한 시간을 느긋하게 보내기엔 너무 아깝습니다. 수차례 반복해서 말하지만 일어난 직후부터 2시간과 낮 혹은 밤 2시간은 시간의 밀도가 다릅니다. 집중력이라는 '힘'에 차이가 있기 때문입니다.

제가 아침에 출근 준비를 하는 데 걸리는 시간은 앞서 이야기했듯이 8분 정도입니다. 슈트로 갈아입는 시간까지 합쳐서 10분입니다. 이렇게 빨리 움직이면 아직 집중력이 피크점에 있는 아침 시간을 온전히 누릴 수 있습니다.

물론 아침 시간을 보내는 방식은 사람마다 제각각일 것입니다. 거울을 보고 미소 짓는 연습을 하는 게 일과인 영업직 종사자도 있습니다. 서비스 직종에서 일한다면 전신 거울 앞에서 꼼꼼하게 옷매무새를 가다듬는 사람도 있을 것입니다. 어떤 방식이든 좋으나 딱 하나만 이야기하겠습니다. 바로, 뜨거운 커피를 마시며 시간을 느긋하게 보내진 말아 주세요.

아침 시간 활용을 정착시키는 테크닉 다섯 번째는 **'뜨거운 커피 마시지 않기'**입니다.

아침 준비 시간은 속도가 가장 중요합니다. 뜨거운 커피를 마시면 결코 승리할 수 없습니다. 차가운 커피를 마셔서 예리한 판단력을 일깨우고 목표를 달성하기 위해 움직여 주세요. 목표 달성을 위해 아침 시간을 보낸 후에는 느긋하게 커피를 마시고 출근해도 무방합니다.

참고로 저는 대학 시절부터 30년 이상 꾸준히 아침을 먹지 않고 있습니다. '당신도 아침을 먹지 말라'고 하려는 것이 아닙니다. 아침을 먹는 게 좋은지, 안 먹는 게 좋은지는 영원한 논쟁거리지만, 의사에게 어떤 특별한 주의를 받지 않는 한 '내가 하고 싶은 대로 하는 게 좋다'고 생각합니다.

아침을 안 먹어야 컨디션이 좋고 두뇌 회전도 잘 된다면 안 먹으면 되고, 아침을 안 먹으면 불안한 사람은 먹으면 됩니다. 다만, 아침을 먹든 안 먹든 일어나자마자 소파에 앉아 뜨거운 차나 커피를 마시면서 느긋하게 시간을 보내지만 않았으면 합니다.

저는 늘 아침을 먹지 않았지만 지금은 건강에 신경을 쓰기 시작해서 최근에는 단백질 주스나 '마시는 영양제'라고 불리는 감주를 마십니다. 여기에 비타민 같은 보충제도 먹습니다. 단백질 주스나 감주는 식사와 달리 손쉽게 바로바로 섭취할 수 있어서 아침의 골든타임을 낭비할 일이 없습니다. 자기계발서를 읽거나 공부를 하면서 섭취할 수도 있습니다. 출근할 때 운전을 하면서 먹을 수도 있습니다.

만약 저처럼 아침을 먹지 않는 스타일이라면 보충제를 섭취하거나 영양가 있는 음료를 마시는 것을 추천합니다. 아니라면 일반 식사를 해도 좋습니다. 한 숟가락 입에 넣고 TV 화면을 쳐다보고, 한 숟가락 입에 넣고 스마트폰 확인하고 하지 말라는 것입니다.

6

처음과 끝을 중시한다

회계사 시험 준비를 위해 전문학교에 다니던 때의 일입니다. 그 당시 강사에게 이런 말을 들었습니다.

"예습과 복습을 할 때 중요한 것은 맨 처음과 끝을 기억하는 것입니다."

가만히 생각해 보니 몇 시간씩 공부를 해도 기억에 또렷하게 남아 있는 것은 맨 처음과 끝부분일 때가 많았습니다. 저는 이 이야기를 들은 뒤로는 아침에 공부를 할 때 의도적으로 처음과 마지막에는 특히 더 중요한 내용을 확인함으로써 같은 시간을 더 의미 있게 썼습니다.

제가 매일 아침 공부를 시작할 때 오답 노트를 훑어본 이유는 앞서 언급했듯이 워밍업을 위한 루틴이기도 하지만, 오답 노트에는 정말 중요한 것들이 적혀 있었기 때문입니다. 아침 시간 활용을 정착시키는 여섯 번째 테크닉은 **'처음과 끝을 중시하기'**입니다.

제가 전문학교에서 강의를 할 적에 수업을 시작하자마자 가장 먼저 이전에 수업한 내용 중에서 가장 중요한 부분만 추린 미니 테스트를 치렀습니다. 이것은 3시간이나 되는 장시간의 학습에 들어가기 전에 하는 워밍업이자 제일 중요한 부분을 먼저 확인해서 기억이 쉽게 정착할 수 있게 하기 위함이었습니다.

아침 시간을 활용해서 공부를 하려고 한다면 가장 중요한 부분부터 시작해 보세요. 단, 아무리 중요하더라도 난이도가 높은 문제를 풀거나 자신 없고 싫어하는 문제부터 풀면 오히려 역효과를 불러일으킬 수 있다는 점에 주의해 주세요.

운 좋게 풀리면 다행이지만 아무리 해도 풀리지 않으면

갑자기 텐션이 떨어지고, 의욕이 사라져선, 결국 이불 속으로 돌아가 버리기 쉽습니다.

저처럼 틀리기 쉬운 문제들을 노트에 정리해 두고 그 노트부터 보기 시작하면, 중요하면서도 너무 어렵지 않은 내용부터 시작할 수 있어 최고의 워밍업이 될 것입니다.

여기서 한 가지 더. 이 '처음과 끝 중시하기'라는 테크닉에는 '아침 공부 시간의 맨 처음과 끝'이라는 의미와 함께 하루의 처음과 끝이라는 의미도 포함되어 있습니다. 하루의 처음은 당연히 아침 시간입니다. 하루의 끝은 밤에 잠들기 전입니다.

"밤에는 공부가 잘 안 된다고 하지 않았나요?"라는 목소리가 들려오는 듯한데, 그건 어디까지나 아침에 하는 공부와 밤에 하는 공부를 비교했을 때의 이야기입니다.

아침 시간을 활용하는 것과 별개로 퇴근 후 잠자리에 들기 전에 10분이든 5분이든 좋으니 공부하는 시간을 확보해 두는 것을 추천합니다. 가능하다면 공부라는 행위를 자기 전에 꼭 하는 루틴처럼 만드는 것이 좋습니다. 그렇게 하면 잠을 자는 동안 머릿속에서 기억이 정리되어 정착됩니다. **자기 전에 하는 공부는 기억을 더 탄탄하게 다져 줍니다.**

일 때문에 녹초가 되어 집에 돌아왔다면 밤에는 계획했던 만큼 다 하지 못해도 좋습니다. 사람은 달성하지 못한 일이나 중단된 일을 달성한 일보다 더 잘 기억한다는 심리 현상인 '자이가르닉 효과(Zeigarnik Effect)'가 작용하기 때문에 밤에는 오히려 도중에 그만두는 편이 더 좋을 수도 있습니다.

밤 공부가 도중에 끝나 버렸다면 다음 날 아침 워밍업을 한 다음에 어제 못다 한 부분부터 시작해서 기억이 더 잘 정착할 수 있게 해 보세요. '끝이 좋으면 모든 게 좋다'는 말은 공부에도 해당됩니다. 공부도 처음과 끝이 좋으면 모든 게 다 좋습니다.

7

TV를 버린다

아침의 골든타임에 느긋하게 TV를 보는 것은 당치도 않습니다. 그 시간이 너무나 아까울 따름입니다. 심지어 아침에 나오는 정보 방송은 밤 사이에 일어난 사건 사고, 살인 사건이나 따돌림, 자살, 학대, 교통사고, 화재, 연예인의 스캔들처럼 부정적인 정보로 넘쳐납니다. 일설에 따르면 부정적인 감정은 생산성을 30퍼센트 떨어뜨리고 실수를 10~20퍼센트 늘린다고 합니다. 또한, TV에서 흘러나오는 화제에 귀를 기울이다 보면 가장 중요한 결론이 나오기 전에 갑자기 광고로 넘어갑니다. 알고는 있지만 매번 사람을 발끈하게 만들죠.

매일 아침 회사에 가기 전에 부정적인 정보에 노출되고, 사람을 애태우는 광고 타이밍에 놀아나다 보면 알게 모르게 스트레스가 쌓입니다. 아침의 정보 방송은 백해무익이라고 단언하고 싶습니다. TV를 꺼 버렸더니 그 적막감이 어색해서 견딜 수 없다면 다른 것으로 대체하면 됩니다.

이럴 때는 CD를 듣거나 강연을 보며 시간을 채워 보세요. 외국어를 공부하고 있다면 어학 CD를 틀어 두는 식입니다. 자기계발이나 경영학을 배우고 싶다면 유명한 기업가들의 강연을 보면 어떨까요?

'현재의 상태를 바꾸고 싶다', '스킬을 더 갈고닦고 싶다', '커리어를 쌓고 싶다', '자격증을 따고 싶다', '독립해서 개업하고 싶다', '이직하고 싶다', '다른 사람들을 뛰어넘고 싶다'라고 생각한다면 아침의 골든타임은 TV를 보는 대신 당신의 미래에 영향을 미칠 수 있는 것을 보고 들으며 채워 보세요.

그래도 왠지 모르게 자꾸 TV를 보게 되고, 연예계 소식이나 뉴스가 대단히 궁금한 건 아니지만 오랫동안 습관처럼 행해 온 일이라 어쩐지 불안하다면, 그것을 경계하세요. '현상 유지 편향'에 아주 깊게 빠져 버린 것이니까요. 의욕이 없는 아침에 당신도 모르게 버릇처럼 TV를 켰던 경험 없으신가요? 그럼 이럴 땐 어떻게 하면 좋을까요? 최후의 수단은 TV를 버리는 것입니다. 아침 시간 활용을 정착시키는 일곱 번째 테크닉은 'TV 버리기'입니다.

물론 멋대로 TV를 버리면 가족들에게 큰 비난을 받겠지만, 'TV 버리기'라는 최후의 수단은 꽤나 극적인 효과를 가져다줍니다. 제 주변에도 의도적으로 TV를 버린 친구가 몇 명이나 있는데 예외 없이 모두 성공했습니다. 심지어 그 뒤로 크게 성공한 친구들이 많습니다!

그도 그럴 것이 '무언가를 버리면 무언가가 들어온다'는 것이 바로 세상의 법칙입니다. 아침의 골든타임을 낭비할 일도 없고, 늦은 밤까지 하염없이 TV를 보면서 다른 일을 할 걱정도 없습니다. 지금까지 TV를 보던 방대한 시간을 버리면 그만큼 다른 곳에 시간을 쓸 수 있습니다.

물론 그 시간을 인터넷 서핑이나 SNS에 쓴다면 본말전도가 되겠지만, TV를 보지 않아서 생긴 시간을 당신 미래에 영향을 미치는 일에 쓸 수 있다면 인생은 극적으로 달라질 것입니다.

성공한 사람이 되기 위한 가장 간단한 방법은 성공한 사람을 흉내 내는 것입니다. 당신이 만약 TV의 유혹에 이기지 못하는 사람이고, 내심 'TV를 보는 시간이 아깝다! 정말로 달라지기 위한 시간을 갖고 싶다!'고 생각한다면, TV를 버려서 성공한 사람들을 흉내 내 보세요. 그것이 성공으로 가는 지름길입니다.

8

당근을 매달아 둔다

앞에서 TV를 버리자고 말했지만, 아마 대다수는 가족의 반대에 부딪힐 것입니다. 그래서 이번에는 밤 시간에 TV와 공존하는 방법에 대해 이야기해 보려 합니다. 저 역시 TV를 좋아하지만 절대로 하지 않는 것이 있습니다. 바로, '무언가를 하면서 TV를 보는 것'입니다. 저는 무슨 일이 있어도 꼭 보고 싶은 프로그램이 있다면 미리 녹화를 해서 봅니다. 그렇게 하면 적어도 광고를 보지 않아도 되고, TV 프로그램을 마치 '보상'처럼 만들 수 있습니다. 아침 시간 활용을 정착시키는 여덟 번째 테크닉은 '**당근 매달기**'입니다.

이게 무슨 말인가 하면, 어떤 목표를 달성했을 때 보상처럼 녹화해 둔 프로그램을 보는 것입니다. 예를 들어, 저는 책을 집필하는 동안에는 TV를 거의 보지 않습니다. 그동안에는 좋아하는 드라마를 전부 녹화해 둡니다. 그리고 원고를 넘기면 저에 대한 보상으로서 드라마를 한꺼번에 몰아서 봅니다.

마지막화까지 녹화해 두었기 때문에 다음 편이 나올 날을 애타게 기다릴 필요도 없습니다. 이 경험은 정말로 큰 쾌감을 줍니다! 목표를 달성한 스스로를 칭찬하기 위해 술집에서 술을 한잔 마시는 것도 좋지만, '그동안 고생했으니 드디어 그 드라마를 볼 수 있겠어!' 하며 기뻐하는 것 역시 좋은 동기 부여가 됩니다.

밤에 시간 가는 줄 모르고 TV를 봐서 수면 시간을 뺏길 일도 없기 때문에 일석이조입니다. TV도 잘 활용하면 공부 효율을 높이는 데 도움이 됩니다.

9

점심 휴식 시간은 패자부활전!

직장인에게 있어서 가장 자유롭고 방해받지 않는 시간은 아침이지만, 때로는 그 아침 시간조차 자유롭지 못할 때가 찾아옵니다. 갑자기 휴가를 낸 동료가 할 일까지 떠맡아 전날 늦은 시간까지 야근을 했다거나, 소꿉친구가 고향에서 올라와서 하루 재워 달라는 바람에 늦은 밤까지 수다를 떨었다거나, 아이가 갑자기 열이 나서 아침에 병원에 데려갔다거나. 이런 예측하지 못한 사태 때문에 아침 시간을 계획대로 보내지 못하는 날도 있습니다.

계획대로 되지 않으면 스트레스가 쌓입니다. 완벽주의 자들은 그 일을 계기로 아침 시간 활용하기를 그만둘지도 모릅니다. 그렇게 되지 않으려면 어떻게 해야 할까요?

아침에 하지 못한 일을 점심 휴식 시간에 하면 됩니다. 아침 시간 활용을 정착시키는 아홉 번째 테크닉은 궁극의 구제 규칙, '점심 휴식 시간을 버퍼, 예비 시간으로 삼기'입니다.

점심 휴식 시간을 패자부활전의 시간으로 만들어 예측 하지 못한 사태로 인한 지연을 회복하는 것입니다. 아침에 15분을 계획대로 쓰지 못했다면 낮 15분을 투자해 메꿔 보세요. 30분을 계획대로 쓰지 못했다면 당연히 30분을 보충하면 됩니다. 이틀간 아침 시간을 활용하지 못해 1시 간을 보충해야 한다면 양손으로 먹는 음식은 포기하고 삼 각김밥이나 샌드위치를 들고 열심히 해 보는 것입니다.

귀가 후나 자기 전 30분처럼, 업무 내용이나 목적의 난 이도에 따라 아침의 골든타임 외에 공부할 시간을 확보하 는 것도 좋지만 점심 휴식 시간만큼은 예비 시간으로 남겨 두세요.

아침 시간을 계획대로 보냈다면 점심 때 원래대로 휴식을 취하며 보내도 좋고, 나중에 하려던 일을 앞당겨 끝내도 좋습니다. 하지만 예정되어 있던 계획이 틀어졌을 때를 대비해서 늘 비워 두길 추천합니다. 점심 시간은 '슈퍼 서브(농구 팀 등의 교체 선수─옮긴이)'라고 생각해 주세요. 도중에 경기에 나간 슈퍼 서브가 결정적인 골을 넣어 우승을 가져다주듯이 점심 휴식 시간은 예기치 못한 순간에 중요한 역할을 할 것입니다.

10

감동적인 순간을 떠올려라

하루는 24시간, 이 하루를 '인생의 축소판'에 빗댈 때가 있습니다.

어머니의 배에서 나와 오랜 세월을 거쳐 일생을 마무리하는 인생.

아침에 일어나서 다양한 경험을 하며 시간을 보내고 잠에 드는 하루.

확실히 서로 닮았습니다. 인생의 축소판인 하루가 반복되고 쌓여서 일생이 된다고 생각하면, 오늘이라는 하루가 얼마나 소중한 것인지를 새삼 깨닫게 됩니다.

당신의 그 소중한 오늘이라는 하루도 어느새 끝을 향하고 있습니다. 잠들기 전에 했으면 하는 것이 한 가지 있습니다. 바로, 오늘 감동했던 순간을 떠올려 보는 것입니다.

'큰 계약을 따냈다!'
'사장님에게 상을 받았다!'
'난관이라 불리는 국가 자격시험에 합격했다!'

다만, 이런 대단한 일은 매일같이 일어나진 않습니다. 꼭 대단한 일이 아니더라도 당신이 감동을 받았다면 무엇이든 좋습니다.

'야근을 안 하고 일찍 집에 돌아왔더니 딸아이가 달려와 품에 안겼다.'
'아이와 함께 웃으며 설거지를 했다.'

'친정 엄마에게 전화했더니 기뻐하셨다.'

'오랜만에 가족과 함께 회전초밥을 먹으러 갔다.'

이보다 더 일상적인 순간이라도 좋습니다.

'점심에 편의점에서 산 도시락이 너무 맛있어서 감동했다.'

'자판기에서 뽑은 커피가 맛있어서 감동했다.'

'노을이 예뻐서 감동했다.'

'아이의 미소에 감동했다.'

'이틀 연속으로 아침 일찍 일어나서 감동했다.'

정말 무엇이든 좋습니다. 그저 그 순간을 떠올리고 나서 잠에 드는 것입니다. 자기 전에는 부정적인 감정이 들 만한 생각은 하지 않는 게 좋습니다. 실패했거나 다 하지 못한 일에 대한 반성은 내일 하세요. 설령 작은 일이라도 오늘 감동한 순간을 곱씹으면서 잠에 드는 것입니다. 아침 시간 활용을 정착시키는 테크닉, 그 마지막은 '하루의 마지막에 감동했던 순간 떠올리기'입니다.

'밥을 했다', '숨을 쉬고 있다', '그래, 난 살아 있어!'처럼 평소 인식하지 않았을 뿐이지, 감동의 씨앗은 찾으면 여기저기에 흩어져 있습니다. 천천히 감동했던 순간들을 곱씹어 보고, 기쁨을 간직한 채 잠들어 주세요.

사람은 하루에 약 5천 가지나 되는 생각을 한다고 합니다. 귀찮다, 힘들다, 졸리다, 목마르다, 배고프다, 오늘은 덥다, 지하철이 너무 붐빈다, 비좁다, 답답하다, 가방이 무겁다, 회사에 가고 싶지 않다, 단골 가게에 가고 싶지 않다, 상사의 얼굴을 보고 싶지 않다, 이제 8분만 있으면 점심시간이다, 점심을 너무 많이 먹어서 졸리다 등등. 이런 식으로 사람은 무수한 생각 속에서 살아갑니다.

심지어 그중 90퍼센트, 즉 약 4천 500개는 부정적인 생각이라고 합니다. 부정적인 감정만 느끼며 하루를 보낸 뒤 잠에 든다면 악몽을 꾸는 것도 어찌 보면 당연할지 모릅니다. 앞서 이야기했듯이 우리가 꾸는 꿈의 70퍼센트는 나쁜 꿈이라고 하니까요.

하지만 자기 전에 감동받았던 순간들을 떠올리며 흐뭇한 얼굴로 잠에 든다면 어떨까요? 온통 좋은 기억으로 덧씌워져 좋은 꿈을 꾸고, 다음 날 아침에 개운하게 눈뜰 수 있지 않을까요?

그리고 눈을 뜨면 새로운 아침이 찾아옵니다! 아침 시간을 지속적으로 활용해서 목표를 달성할 수 있는 희망의 아침입니다! 그럼 안녕히 주무세요.

시간은 생명!

20대 초반, 저는 완전히 야행성이었습니다.

번화가에서 택시를 타면 기본요금이 나오는 거리에 살았기 때문에 지하철 막차 시간을 신경 쓰지 않고 흥청망청 놀았습니다. 술도 정말 좋아했고, 심지어 잘 마셨습니다(지금도 그렇지만 말입니다). 3차, 4차는 당연했습니다. 아침 첫차로 돌아가는 친구와 함께 해가 뜰 때까지 노래방에서 시간을 보낸 적도 많았습니다.

그리고 휴일은 알람을 맞춰 두지 않고 늘어지게 잠을 잤습니다. 그래서 눈을 떴을 때 시곗바늘이 숫자 5를 가리키고 있으면 지금이 아침 5시인지 오후 5시인지도 몰랐습니다. 과거의 저는 그런 형편없는 삶을 살았습니다. '내게 주어진 시간은 유한하다'는 사실을 의식하지 않고 살았던 것이죠.

제가 얼마나 큰 결심을 하고 마음을 고쳐먹었는지는 앞서 본문에서 이야기한 그대로입니다. 덕분에 다시 태어나 지금은 책을 여덟 권이나 냈습니다. '공부법', '리더십 이론', '부업' 등 장르는 다양하지만, 사실 모두 공통적인 주제가 있습니다. 바로, '시간은 생명'이라는 점입니다.

태어나서 죽을 때까지의 일생을 수치화한 것이 바로 시간입니다. 평균 수명을 80년이라고 가정하면, 80년 X 365일 X 24시간 = 70만 800시간이 됩니다. 이것이 바로 생명을 수치화한 시간입니다. 이 한정된 시간을 낭비하며 보내는 것은 생명을 낭비하는 것과 다름없습니다. 고된 업무에 시달리며 회사만 다니다가 정신을 차리면 이미 정년이 코앞입니다.

'더 많은 취미를 갖고 싶었다.'

'더 많은 책을 읽고 싶었다.'

'정년이 오기 전에 독립하여 내 회사를 꾸리고 싶었다.'

'영어 공부를 해서 하와이로 이주하고 싶었다.'

이것도 하고 싶고, 저것도 하고 싶었지만 결국 아무것도 하지 못했다면요? '종신고용, 연공서열, 24시간 일할 수 있나요?'라고 말하는 시대를 살았던 여러 선배들이 자신의 꿈이나 희망을 희생해서 경제의 부흥에 몸을 바쳤다고 생각합니다. 그들은 가족을 부양하기 위해 생활비를 벌어야만 했습니다. 이런 경제적인 사정 때문에 일이 중심에 있는 삶을 살았는지도 모릅니다.

그나마 정년이 60세였기 때문에 그 이후의 삶은 다른 일을 하며 충실하게 보낸 분들도 많을지 모릅니다. 그러나 종신고용, 연공서열이 붕괴한 현대의 직장인은 제2의 인생을 사는 것마저 어려운 일이 되었습니다.

'언제 해고당할지 모른다.'
'회사가 망하거나 합병당할지도 모른다.'
'AI에게 일을 빼앗길지도 모른다.'
'젊은 인재에게 추월당할지 모른다.'

이처럼 끊임없이 불안에 떨며 일 생각만 하고, 심지어 그 일에서 해방되는 것은 정년인 65세. 아니 지금의 추세라면 정년이 70세가 될지도 모릅니다.

'정년퇴직하면 좋아하는 일을 해야겠다'는 바람이 있어도 할 수 있는 일은 한정돼 있고, 잘못하면 정년 이전에 물거품이 되어 버릴지도 모릅니다. 그럼 어떻게 해야 할까요? 지금부터 바뀔 준비를 하는 것입니다!

언제?

아침의 골든타임에 당신의 미래에 영향을 미치는 일을 하는 것입니다!

마지막으로 한마디 덧붙이겠습니다. 아침 시간은 100퍼센트 당신의 것입니다. 누구에게도 방해받지 않습니다! 당신에게 주어진 유일한 시간을 활용해 주세요! 아침 시간을 활용해서 지금까지 보지 못했던 새로운 당신을 만나길 바랍니다.

뭘 해도 잘되는 사람의 모닝 루틴

초판 발행	2022년 1월 24일
지은이	이시카와 가즈오
펴낸곳	다른상상
등록번호	제399-2018-000014호
전화	02)3661-5964
팩스	02)6008-5964
전자우편	darunsangsang@naver.com

ISBN   979-11-90312-47-9 03190

독자 여러분의 책에 관한 아이디어나 원고 투고를 설레는 마음으로 기다리고 있습니다.
이메일로 간단한 개요와 취지, 연락처를 보내주세요. 독자님과 함께하겠습니다.